博瑞森图书
BRAGE

企业阅读 本土实践

创造增量市场

传统企业互联网转型之道

刘红明◎著

中华工商联合出版社

图书在版编目（CIP）数据

创造增量市场：传统企业互联网转型之道/刘红明著.—北京：中华工商联合出版社，2015.8
ISBN 978-7-5158-1402-5

Ⅰ.①创… Ⅱ.①刘… Ⅲ.①互联网络－应用－企业管理 Ⅳ.①F270.7

中国版本图书馆 CIP 数据核字（2015）第 191761 号

创造增量市场：传统企业互联网转型之道

作　　者： 刘红明
责任编辑： 于建廷　王　欢
责任审读： 郭敬梅
封面设计： 久品轩
责任印制： 迈致红
出版发行： 中华工商联合出版社有限责任公司
印　　刷： 三河市文阁印刷有限公司
版　　次： 2015 年 10 月第 1 版
印　　次： 2015 年 10 月第 1 次印刷
开　　本： 787×1092 毫米　1/16
字　　数： 200 千字
印　　张： 11.25
书　　号： ISBN 978-7-5158-1402-5
定　　价： 52.00 元

服务热线： 010－58301130
团购热线： 010－58302813
地址邮编： 北京市西城区西环广场 A 座 19－20 层，100044
http：//www.chgslcbs.cn
E-mail：cicap1202@sina.com（营销中心）
E-mail：gslzbs@sina.com（总编室）

博瑞森图书：企业阅读　本土实践

亲爱的读者朋友：

也许您是博瑞森图书的老读者，也许是新朋友，欢迎您阅读博瑞森图书！

当今中国，各行各业都存在着转型升级的压力与机遇。博瑞森图书与您一同应对转型挑战并发现其带来的机遇。

我们一直在问：什么样的书能为您解决管理难题并带来启发？

我们一直在找：哪些作品能帮助企业从跟随到领先？

我们一直在做：把最好的作品以最便捷的方式呈现给您，纸质版、电子版、书摘邮件、微信……

我们策划图书的原则是：

- 企业阅读——与您一样，做水中的游泳者，而非岸上的观众或教练，企业的困惑就是我们的任务。
- 本土实践——与您一样，立足本土环境，追求卓越实践，传播最适合当下中国企业的管理之道。

我们也向所有的企业管理者、管理咨询专家和企业研究者征稿，让更多被实践检验的好思想、好方法迸发出来，为企业助力！（bookgood@126.com 或 QQ：1963328416 或手机号（微信号）13611149991，绝非“自费出书”，不向作者收取任何费用）

如果有一天，您把博瑞森图书视为您优秀的事业伙伴、管理助手，我们也就实现了自己的梦想。

博瑞森图书

序　言

互联网转型的“黑洞”

大多数传统企业一直离互联网比较远，一开始看不起，同时也看不懂，等明白是怎么回事后，形势完全反过来了。可以想象，十多年前，电子商务对中国零售业来说，只是微不足道的“狼来了”的声音，绝大多数传统企业都不以为然，而到今天，互联网的浪潮已经完全围绕在传统企业周围，一个巨大的黑洞已经形成！

这就是“互联网黑洞”。

互联网产业已经从一个非主流、边缘化的产业发展成了占中国经济较大比重的产业。2014 年淘宝总成交额为 1.172 万亿元人民币，天猫总成交额为 5050 亿元人民币，而全国一年的商品零售额才 20 万亿元。加上其他电商平台，中国电商零售交易额已占到全国商品零售额的 8%以上。过去几年，中国社会零售总额上涨了 1.8 倍，而网络零售总额则飙涨了 19 倍。这个速度让传统行业，尤其让零售领域市场的传统消费品企业望洋兴叹。

一种互联网焦虑症开始在传统企业蔓延。对很多行业来说，电子商务是一种完全创新的渠道，直接威胁着传统分销与流通渠道，而有些行业的互联网化业务将完全取代旧有的业务模式。

这个时候，故步自封就是等死，而企业带着传统业务直接迈向互联网，又会面临互联网业务与传统业务的双手互搏。

对企业而言，转型互联网的实质是一种扬弃，而不是简单的一种转身。

如果不根据企业的实际情况，完全放弃传统业务，全面电商化，结果往往是惨痛的。烧钱、亏损搞电子商务，妄图直接实现渠道转型，结果如坠深渊。李宁几年前全面转型互联网，结果败得很惨。步子迈得太大，无法适应，结果烧钱亏损。

如果说传统企业是在湖里捞鱼，那向互联网转型就是要到海里捕鱼。

因此，企业首先要面临的是造一艘很大的海船。造海船本身就是一项难度不小的工作，也就是先组建团队，搭建平台，然后驾驶企业电商组织的“船”在海里航行，成功捕到鱼。每一项工作，难度都不可小觑。换一种角度看，传统企业转型互联网完全相当于二次创业，几乎很难有一帆风顺的。

很多企业根本不去思考如何造海船，而是将湖泊里的捕鱼船往大海里开，直接将传统业务搬到互联网上。用电子商务转移原有传统业务存量，这是很多传统企业面对互联网首先想到的事，但这样做的结果是电子商务没有做起来，而传统业务也开始萎缩，双手互搏，造成巨额亏损。如同苏宁电器的转型——苏宁易购，再到苏宁云商，企业的两只手在猛烈互搏。企业转型互联网也好，渠道电商化也好，对传统企业而言，这种直接转型面临的境况简直就像一个黑洞挡在前面!

传统行业与互联网，由于销售渠道完全不同，因此在市场方面存在天然的矛盾与冲突，两者之间犹如隔着一个黑洞，深不可测。如果按正常方式转型，则犹如坠入一个宇宙空间的黑洞，直接面临毁灭。如何跨过这个黑洞，是所有转型中的传统企业最需要思考的。为电商而电商，为互联网而互联网，直接转型肯定会如同所谓的苏宁云商一样，亏损得一塌糊涂，还误认为这就是互联网转型。

实际上，传统企业需要的是用互联网思维去创造增量，而不是用电子商务去转移传统业务的存量！

这才是真正的互联网转型思维，要寻找这个增量，就要穿越互联网这个黑洞。

问题是，传统企业应该如何穿越呢？

首先，传统企业需要根据自己的资源选择一个切入点，通过切入点去连接互联网。

传统企业不能直接将自己原有业务搬到互联网上，而要基于用户思维，从所属行业中选择用户黏性强的产品，或者高活跃度的商业社群，或者具有强烈个性化的场景，从这三者中选择一个或两个作为切入点，去聚集市场上的用户。

其次，传统企业需要开拓互联网上的接触点，通过互联网来进行业务引流，实现真正的“互联网+”。

传统企业可以通过开拓网络流量、移动入口、移动微营销、SNS社会化媒体推广、O2O引流等手段吸引大量的客流，为企业的业务带来大量增量。这些引流手段，会帮助传统企业在互联网上创造一个个用户接触点，帮助传统企业与其用户保持连接，实现在互联网上的真正落地。

最后，穿越互联网的黑洞，就是要选择好互联网切入点，开拓足够多的用户接触点。

传统企业转型互联网，就是一次黑洞穿越，如果直接将原有业务电商化基本是死路一条。同时，如果有了切入点，没有用户接触点，企业转型在互联网上无法落地，那这个转型是没有根基的，是长久不了的，仍然会继续陷入一个黑洞般的无底洞。

宇宙中，虫洞就像是大海里面的漩涡，这些漩涡由星体旋转和引力作用共同造成，就像漩涡能让局部水面跟水底更近一样，两个漩涡会让相距很远的空间瞬间离得很近，并连接在一起。它能够让我们的宇宙飞船穿越黑洞，成功实现星际穿越飞行。而互联网切入点、用户接触点就好像虫洞一样，让传统企业成功穿越互联网这个黑洞。这对于采用传统竞争方式的企业而言，完全是一次高维度对低维度的降维攻击，同时也是一次跨界的攻击。它所带来的结果是惊人的，也是不可估量的！

目录
Contents

延伸阅读 你不改变规则，规则就来改变你 / 149

第一章

“互联网+”新商规

近年来，企业界出现了三场赌局，这实际是两种思维的对抗，背后是商业规则的改变。

第一场是王健林 VS 马云。“2012 年 CCTV 经济年度人物颁奖盛典”上，马云与王健林就“电商能否取代传统的店铺经营”展开辩论，双方为 10 年后电商在中国零售市场份额能否过半设下 1 亿元赌局。结果是王健林变相认输。2014 年 8 月，万达宣布万达电子商务公司成立，新电子商务公司联手百度、腾讯共同投资 50 亿元，万达持股 70%，腾讯与百度各持股 15%。王健林多次对外宣称“O2O 模式”和“大会员、大数据”将是万达电商发展核心。

第二场是董明珠 VS 雷军。“2013 年中国经济年度人物评选晚会”上，小米的雷军和格力电器的董明珠就“10 亿元对赌小米 5 年之内销售额能否超过格力”上演一场火药味十足的辩论。以目前小米的发展势头，5 年内小米销售额超过格力基本已经是定局。2014 年“双 11”，格力天猫旗舰店开张，献出“格力电器 20 年首次将发动价格战，斥资百亿元回馈全国消费者”的处女秀，首战告捷，格力拥抱电子商务。

第三场是杨元庆 VS 梁信军。“2014 亚布力中国企业家论坛夏季高峰会”，联想 CEO 杨元庆质疑互联网思维颠覆论，认为互联网只是传统产业改进业务流程、提升效率的工具，无法取代传统产业的核心价值，互联网概念被过分夸大。而梁信军对此尖锐反驳，称要全面拥抱互联网。2014 年 10 月联想宣布成立全新子公司，定位基于互联网平台打造中国领先的互联网模式的智能终端和服务业务，将于2015年4月1日正式运营，以全新名称命名。

这是互联网与传统行业的全面对抗，这六家企业的行动都说明了这三场赌局的输赢。互联网元老田溯宁说：“未来的企业要互联网化，每家企业都要有互联网思维，不用互联网思维来思考问题，就没办法在社会中开展竞争。”

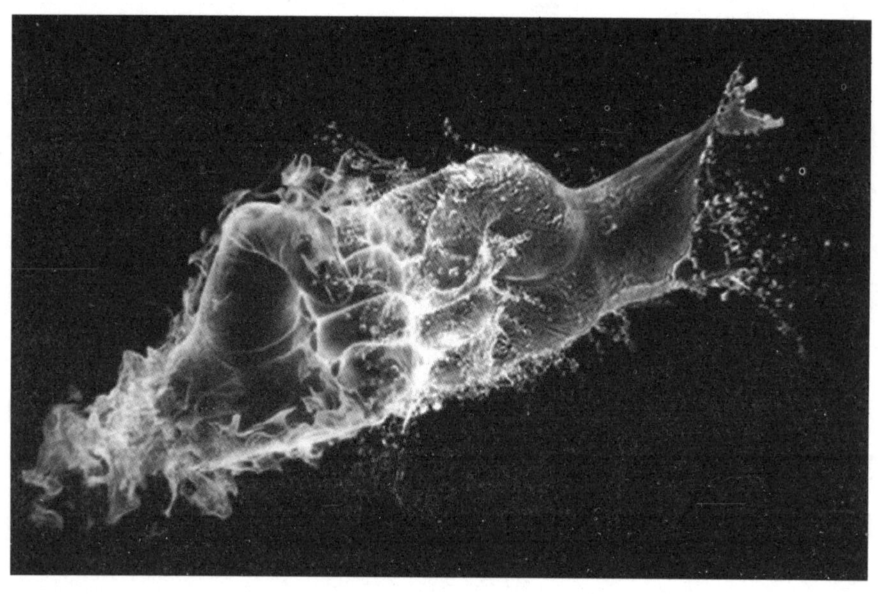

图1-1　互联网与传统行业的对抗

一、营销与定位

（一）从“营造一种心理”到“连接”

1.“互联网+”时代，营销的本质是连接

一位国内营销专家曾说过：“市场营销，就是一场营造幻觉、错觉

与心理暗示的狂欢。"而主要突破性武器就是广告，广告是围绕消费者的错觉、幻觉、心理暗示建立一个标准，并以此为入口建立品牌。但是在"互联网+"时代，试图如此营销，无疑类似于义和团妄图用神功护体去挡八国联军的洋枪洋炮。

市场营销源于广告传播策划，而广告传播最早来源于大众传播。为何营销要从传播开始，是因为过去的市场交易结构是完全基于信息不对称而建立的，在信息不对称的环境与交易结构中，传播是非常重要而有效的，加强传播力就是加强营销力。而通过广告来影响获得信息不全面的消费者，让其产生幻觉、错觉与心理暗示，是最有效的传播，自然就是营销的不二法门。

但是，现在已经是"互联网+"时代了，是一个连接的时代，营销对于企业与消费者而言，本质上是一种实在的产品连接，而不是任何心理暗示，更不是错觉、幻觉。消费者在营销中会体会到实实在在的体验感、参与感、归属感等，这些不是靠心理暗示就能搞定的，也不是传播就能搞定的，更不是狂砸一顿广告就能获得用户的认可的。

由于互联网实现了信息对称，所以在这样的交易结构中，企业无法自以为是地去建立幻觉、错觉。因为消费者的一个网络差评及大量网络转发，就能将这种刻意营造的心理暗示否定。

因此，"互联网+"时代下的营销，只能是连接。企业不仅要面对目标消费人群，而且要面对所有用户群体（包括使用企业的产品与服务但并未消费买单的用户），围绕用户群体的核心需求，通过各种产品或服务，利用口碑的力量，加强与企业用户群体的连接。

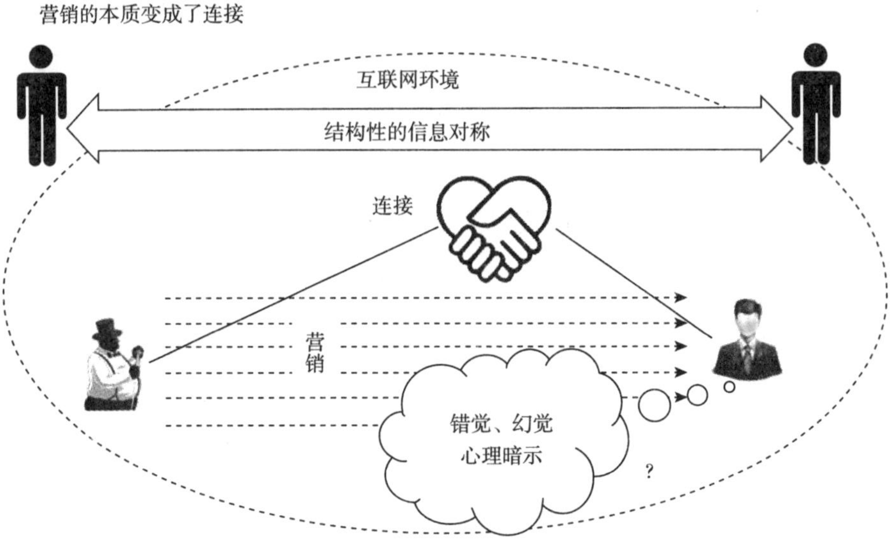

营销的本质变成了连接

互联网环境

结构性的信息对称

连接

营销

错觉、幻觉
心理暗示

?

图 1－2　营销的本质变成了连接

案例解析　海底捞的连接

我们来看一家传统餐饮行业的企业是如何实施连接的。它就是“海底捞火锅连锁餐厅”。海底捞的餐厅差不多有一多半面积用于消费者休息等候与休闲娱乐，同时在此区域提供大量的免费服务，比如任意品尝免费小吃，免费打印照片，免费喝饮料，免费擦鞋，免费美甲等。对于传统餐厅而言，这简直不可思议，完全超越了餐厅促销或服务的范围。

海底捞庞大的餐厅面积，仅有一小半的面积是用于就餐的卡座。另外的一大半，包括室内外面积，有幼儿玩乐园、水池、围棋室等五花八门的休闲场所。所有的场所都在营造一种很舒适悠闲的候餐环境，但是它绝对不是在营造什么错觉、幻觉，它是在给消费者提供一流的服务，它的目的是做连接。我们知道，餐厅总是希望服务更多的就餐人群的。

但是无论中餐晚餐，就餐时间基本是固定的。如果餐厅要服务更多的就餐人群，一是要增加就餐面积，二是要增加餐厅服务人员。第一点还好办，第二点的增加就会涉及大量人工成本的增加，同时又会带来淡季时候的大量人工浪费。

那么，怎么办呢？海底捞的策略是增加连接。海底捞不能在同一时间范围内提供更多的服务人员来服务增加的就餐人群，但是可以提供更多的休息等候与休闲娱乐的场所，来让消费者耐心并开心地等待。所有免费提供的小吃饮料、打印照片、擦鞋、美甲、儿童玩乐不过是为了连接住那些在等候的消费者，让他们耐心等候下去，直到餐厅空出位置，然后才去就餐。

这就是海底捞的连接策略。

图1-3　海底捞的连接手段

让消费者就坐在那一直等候，而根本不必去其他餐厅，这不就是连接住消费者了么？连接上了在那等候着的用户，吃饭消费则是迟早的事了。

这个绝对不是给消费者营造的幻觉或错觉，它是不惜一切代价连接消费者，给消费者创造的实实在在的用户体验，它最终引起了海底捞口碑的大量传播，创造了海底捞营销的巨大成功。

传统企业如果不做连接，注定没落。

传统市场营销基于定位，营销就是营造一个挤占消费者心智的游戏，因此总是采用“定位＋大传播”营销策略。他们通常是先细分当前市场，然后预设出目标消费群体与目标市场。接着需要定义出一个新品类，包装出新品类概念，然后以此新品类概念去营销，试图诱导消费者或强行灌输，让消费者建立对此品类概念的认知，利用错觉、幻觉、心理暗示来建立品牌。有的则是围绕着目标市场中的竞争对手提供的产品与服务，通过寻找产品差异化来获得自身定位，甚至有时候仅仅是用产品一种概念差异化来定位，从而建立品牌。最后的营销一定是依靠大媒体、大传播的方式，用广告劈开消费者的大脑心智进行占位。这就是“定位＋大传播”的营销策略。而今天，“定位＋大传播”营销策略不适应时代了。

在“互联网＋”的时代，营销是持续的连接，而不再是游戏或制造幻觉、错觉、心理暗示了。

如果不顾与用户的连接，而自行其是去做营销，基本就是放空炮。

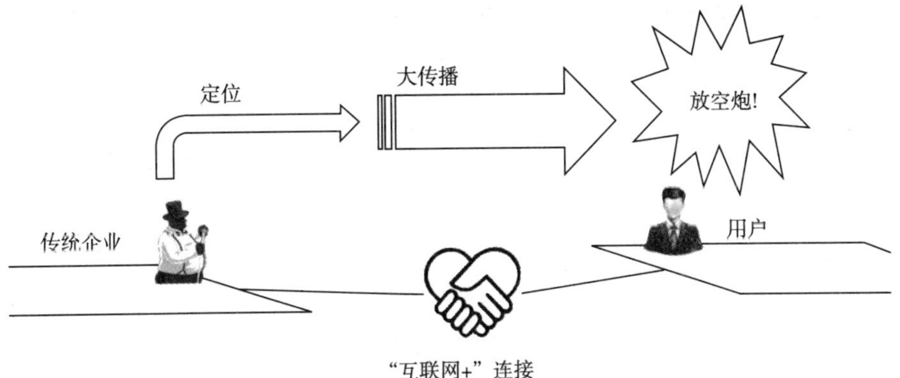

图 1－4　营销是持续的连接

2. "互联网 +" 时代，用户口碑是最有效的连接

如果说第一代营销观念是有什么产品就提供什么产品给消费者，第二代营销观念是满足消费者需求来提供产品服务给消费者，那么第三代营销观念就是围绕消费者的口碑来提供产品与服务。

因为，营销的本质既然是连接，那么营销目标就不再仅仅是促成交易，也不仅仅是满足消费者需求。在"互联网 +"时代，营销的最终目标是要创造用户人群的口碑。

既然营销工作是为了创造连接，那么营销所带来的交易则是要巩固此种连接了。而要巩固企业与消费者的连接，就需要口碑。没有口碑的交易只是一次性交易，很难培育用户忠诚度，也无法带来二次消费，更不可能带来转介绍客户。而只是在交易时候，企业与用户才有连接，交易完成，连接就中断了。如果还想要交易，就要重新创造与用户的连接，比如再次花钱投放广告或媒体传播。

因此营销目标是口碑，营销促成的交易都需要有口碑。在淘宝网上，淘品牌的形成正是如此。可以说，没有口碑，就没有淘品牌的形成。

因为，只有口碑，才具有最强有力的连接！

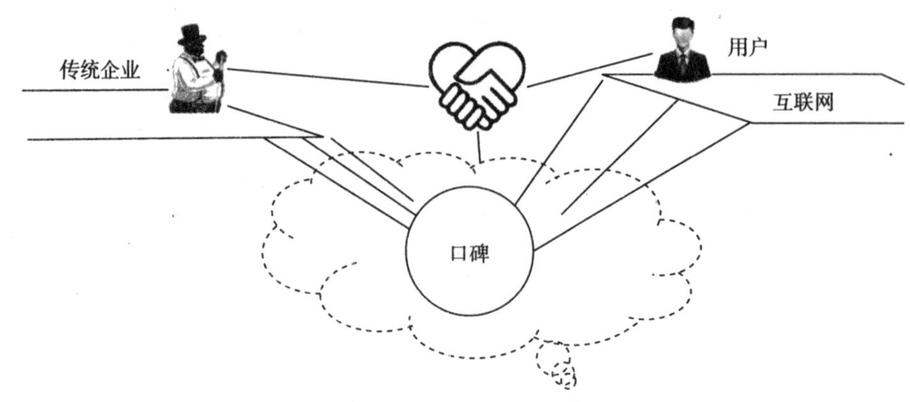

图 1-5　口碑是最有效的连接

（二）从“营销定位”到“塑造社群”

1. 定位理论出问题的根本原因

定位理论源于美国商业战略专家杰克·特劳特在 1969 年的《通用电气为何不听忠告》的论文，该文开创了定位理论，并在 40 多年的实战中不断完善。

但是现在，定位理论出现了问题，根源是定位理论所处的商业环境发生了根本变化。

第一个变化：交易双方信息对称化，即市场上的交易双方出现结构性的信息对称。

定位理论的真正核心问题是该理论是基于互联网出现以前的信息不对称的市场交易结构而建立的。不管企业是去针对竞争者还是消费者，定位都可以基于消费者去思考，比如“定位 +4C”理论就可以。但无论是基于竞争者，还是基于消费者，这种思考仍然是试图从企业的角度去营造一种心理暗示，制造用户的错觉、幻觉。它是建立在信息不对称的市场基础之上的。

定位理论不是从连接上去着眼，去连接并绑定消费人群。很显然，小米围绕其手机用户去跨界及拓展平台，实际上不过是加强其连接的多个维度，让其平台扎根于不同维度，但却有着一致消费观念与类似价值观的用户人群中。而邓德隆以定位理论去分析小米的平台和生态战略无异于刻舟求剑，即使是邓德隆基于消费者的思维，比如4C一类。

因为定位理论是基于过去的市场环境与交易结构，所以定位营销的结果就是去制造一种消费者的幻觉、错觉与心理暗示，而当互联网的连接改变了整个市场环境与交易结构，当交易双方信息出现对称时，再想去定位消费者的心智的确如刻舟求剑。

所以，在“互联网+”时代，信息碎片化、传播无中心化、消费者获取信息极其庞大，且对信息拥有完全自主选择权。消费者大脑袋里的定位阶梯基本自主形成，消费者心智占位由实际连接决定，企业很难改变消费者自主形成的心智位置。

第二个变化：消费者迭代。市场上拥有决策权的消费者，其换代的速度在加快，尤其在电子商务的推动下，主流消费群体在加速迭代。

在没有互联网的时代，消费者决策权的转移比较缓慢。在20世纪80年代以前，主流消费者差不多是20年换一代；从20世纪80年代到21世纪，主流消费者差不多10年换一代；到了21世纪，中国经济开始全面腾飞，5年就新增加一代消费主体人群。

市场刚惊呼“80后”开始占据社会消费主流，“90后”又登上消费舞台，而“00后”已经迫不及待地挤入网购消费大军。这主要是由于互联网拉近了与消费者的距离，缩短了交易环节，加快了消费者的迭代。

主流消费群体的迭代加快，新一代消费群体完全拥有消费者主权，根本不容易受到外来信息定位的影响，因此导致定位消费者心智根本无所适从。大多数定位策略其实都是针对20世纪60年代、70年代，以及1985年以前的人做出的营销策略。因此，不是武器不管用，而是准星调到了800米，但目标却已经在1000米以外了，自然无论如何瞄准都打不准目标了。

社会消费主体中，“60后”、“70后”、“80后”逐渐为“95后”甚至“00后”所取代。他们是伴随着互联网成长的一代，不会被动接受营销信息，传播的信息于他们而言是某种选择而不是接受，这就是一种消费者主权思维。也就是说在市场环境中，他们不会像父辈一样，因为他们拥有交易主权，只接受一种对话与交流方式，即用户思维。因此，他们会否定企业驱动客户的所谓定位，否定多级渠道、大量终端、大传播、大广告，拒绝定位的说教与竞争者思维，而这些全部是传统市场的营销基石。

第三个变化：差异化空间饱和。这与互联网无关，是市场经济发展的必然。随着制造业的繁荣，绝大多数消费品行业可有效定位的差异化位置的空间已经饱和。

现在大多数消费品行业同质化竞争严重，差异化空间饱和，企业很难做到与竞争对手有实质性的差异。大多数差异化都沦为概念差异化，这种概念差异化根本不是实质性的差异化位置。它的连接能力非常脆弱，产品力、营销力有限。

比如，“重新定义”是占据差异化空间的一个有效手段。重新定义一个新品类容易，但在实际差异化营销中，去改变消费者整体感知，影响行业同质化竞争严重的环境，如果只是一个概念，基本是徒劳。

在传统领域，消费者虽然按品类思考，通过品牌反馈表达自己意愿，但是对大多数传统企业而言，基本上找不到有效的品类空间，硬要在当前消费者市场中无中生有一个新品类极其困难。

在互联网领域，中国最大的电子商务市场淘宝网上的产品是按类目划分，而非品类。一个类目脱颖而出首先是爆款产品，是销售形成，没有销量，无论是否定义为新品类，都没有意义。

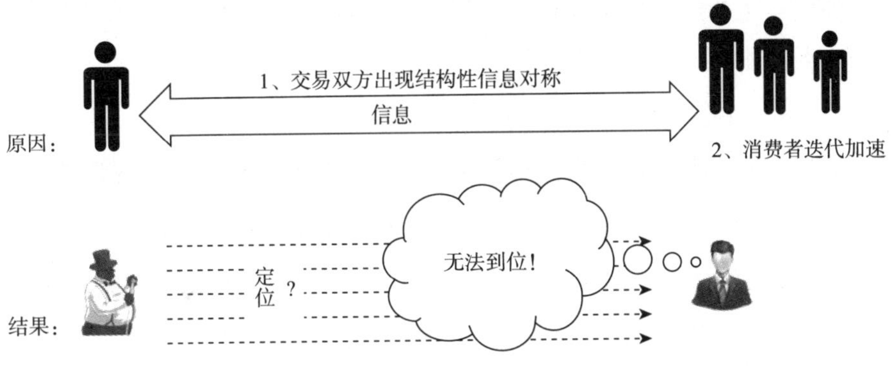

图1-6 塑造社群成为新的营销手段

因此，定位理论出问题的根源是不适应当前的商业环境（包括市场交易结构）了。而在一个快速变化的商业环境中讨论定位理论这个静态营销分析工具的对与错，是不必要的。在这个快速变化的商业环境中，连马化腾、马云这些互联网巨头们都无法完全掌控其趋势与未来。而一个死板的"定位理论"是没有办法去掌控这个商业环境下的新一代消费人群的。

2. 对待"定位理论"：扬弃的态度

定位理论曾被美国营销学会在2001年评为"有史以来对美国营销影响最大的观念"，可见其影响力之深远。因此，草率地完全否定这一影响深远的理论，认为它是一株祸害企业的毒草，显然过于肤浅。而顽固地坚持定位理论体系里不合时宜的观点与思考方式，无异于故步自封、刻舟求剑。正确的做法应该是以扬弃的态度来正确对待定位理论的主要观点与思考方法。

定位理论说，关于营销的战争是一场关于心智的战争，显然不合时宜了，营销不再是一场幻觉、错觉和心理暗示，而是连接。而重新定义“新品类”观点，认为消费者是按品类思考，以品牌来表达。这个在前面所阐述的“差异化空间饱和”就已经说明，开创新品类不是不可能，但是极其困难。

因此，定位理论已不适合作为营销起点，放在核心地位，但作为一个营销分析工具，定位理论在某些环节的“聚焦”作用还是有效的。

在消费品的产品包装设计中，就有着基于定位的聚焦思考，在网络营销的视觉设计中，源于定位理论的“语言钉子 + 视觉锤”是一个非常有效的传播手段，也是加强连接力的方法，会强力地促进消费者的体验感，增加产品力。

而且在可见的将来，只要人类仍然还具有视觉感官认知与审美习性，基于视觉锤的营销手段可能会创新变革，但永远不会失效。

小米虽然强调互联网思维，但也并非完全排斥定位理论，并且知道扬弃性地使用。小米黎万强说，经典定位理论是指开创并主导一个新品类，是劈开消费者脑海去抢占心智位置，如何在潜在用户的心智中表现出与众不同。但小米的胜利，是“互联网手机”这个新品类的胜利，如果没有小米手机的各种互联网媒介与渠道的连接，何谈此新品类定位的胜利。同时，如果小米没有培养出“米粉”这个用户群体，然后潜入他们大脑，何谈互联网手机的胜利。可见，定位理论要起作用，必须要在连接的前提与基础上，同时在企业与用户的连接已经建立的时候，定位这个工具可以帮助企业聚焦此种连接的力量。

3. 定位不是营销的核心，塑造用户人群才是营销的核心

企业要做的是围绕用户人群去创造连接，塑造一个消费者社群。

塑造用户社群，我们要明白什么是用户群体。传统营销中，我们往往认为目标客户（消费者群体）就是用户。"互联网+"时代，我们则需要重新定义用户：用户是产品与服务的最终使用者与消费者（买单者）。用户是产品与服务的开发、改进的外围参与者与合作者。用户是所有的产品服务的使用者、体验者、相关联者，哪怕他不是最终的使用者或消费者，也要纳入用户群体进行考虑。而社群就是由用户群体塑造而来，具有共同的价值观与宗旨，同时还有社群情感，如用户对社群的存在感、认同感、归属感以及参与感等。

案例解析 罗辑思维的社群塑造

我们看罗辑思维自媒体是如何通过连接去塑造社群的。

罗振宇提出三个核心理念：自由、连接、实验。自由就是罗振宇自我标榜的"U盘化生存"和"匠人精神"。在组织内的经历让罗振宇认识到个体的价值和自由的价值，而日新月异的互联网变革提供了自由的可能。连接是罗振宇对互联网思维本质的概括。连接的原点是与节目（内容）相辅相成的魅力人格体，连接的纽带是魅力，由此产生的信任、爱，正是连接的驱动力和黏合剂，并构建一个"自由人的自由联合"，即互联网社群，由此派生更多的想象空间和价值生长点。实验则来源于罗振宇认为自媒体的运营是一种试水、探路，甚至是一种试错，尝试另一种个体生存和媒体生态的可能。"我们要不断地回到实验原点，我们要帮一代媒体人，和相信互联网必将大规模改变这个世界的人去蹚几条路。"

罗辑思维提出这样的理念，并非定位，而是确定了互联网思维下的

经营理念。在此经营理念下，罗辑思维围绕人群做连接，开始塑造自己的用户社群。

首先，考虑到用户的接受度，罗辑思维自媒体提供的信息资讯以音频、视频为主，文字为辅。罗辑思维文字产品只是视频、音频形式的延伸和补充。罗辑思维公众号首先发微信语音而不是发文字，因为语音所呈现的人格要素比文字要好得多。对于罗辑思维而言，它不是一个纯内容产品，而是一个清晰的人格。罗振宇通过“音容笑貌、举手投足”直观展示，与观众互动，更利于打造“魅力人格体”。

其次，考虑到用户的移动时间，奉行极简主义，追求小而美。无论做视频，还是做微信语音，罗辑思维都奉行极简主义，追求小而美。比如，视频内容摒弃视觉上的花哨，都是单机位、一个镜头到底。公众号的微信语音是强迫症式雷打不动的每天60秒。完全是围绕人群来做最好最方便的连接。

其三，罗辑思维在营销上坚决拒绝定位，而是不断营造悬念。罗辑思维的微信语音，在内容上没有所谓的定位，如果不打开，用户永远也不知道罗振宇当天要说啥，罗辑思维视频也是如此，消费者永远不知道下一期内容是什么。这种不确定性很大程度上也刺激着消费者的“阅读期待”。

对罗辑思维而言，这些都不过是产品，是用于连接的纽带。罗辑思维需要用它们在用户社群中塑造魅力人格体。由于罗辑思维的产品是高度人格化的自媒体，因此内容只要符合有种、有趣、有料，在知识中寻找见识的理念，看似散，实质是“形散神不散”。这与小米围绕米粉们进行多元化产品开发有异曲同工之妙。

其四，塑造魅力人格体，展现强烈人格色彩，励志人生姿态。互联网＋时代是体验经济、参与经济时代，情感价值超越功能价值，魅力人格体是人格化营销的核心。“罗辑思维”视频节目选题另类新锐，视角独特犀利，话语风格大胆直率，全方位展现了一个“有种、有趣、有料”的“知识人”。每天的微信语音，罗振宇强制自己录到60秒，一秒不差。坚持“死磕自个儿，愉悦大家”，令人印象深刻。

最后，强化用户认同感，加强连接。“罗辑思维”对于粉丝根本的价值在于这部分群体对自我价值认可的需要，“我是追求上进的，我是渴求知识的，我就是独立思考的一群人。“罗辑思维”有意识地将这种“认同”转化为“连接”，比如《罗辑思维》一书中不仅有“罗辑思维”视频的文字整理，更加入了大量用户的评论，其中有辩驳也有补白。UGC的融入，强化了用户参与感和粉丝黏性。

通过上述五种连接策略，罗辑思维塑造了自己的社群，以此成为互联网上排名前列的自媒体企业。

二、产品、传播与品牌

（一）产品是企业连接用户的纽带，产品力源于工匠精神

在互联网时代，对于大多数消费品及所有的互联网产品而言，最重要的作用就是连接用户，不能够连接用户并绑定用户的产品，是很容易被竞争对手替换的。

产品在营销成为连接的时代，产品的本质成了一个纽带，是连接用户与企业的纽带，通过这一纽带，企业不仅可以连接用户，还可以沿着此纽带为用户提供更多产品与服务，以获取利润。

那么，如何才能做好产品呢？专注，极致。产品是人创造的，产品有无灵魂，在于产品经理。产品经理要擅长从人性的角度理解产品，从

而塑造产品，因此有一个优秀的产品经理，就可能出现一个好的产品。而这个产品，就是这位优秀的产品经理人格的物化！

产品经理的人格物化，会导致产品精神出现。产品精神，也叫产品精神附加值，是产品的内涵与灵魂，是产品价值的一部分。顾客购买产品会根据性价比来选择产品，性价比 =（外观 + 品质）/价格。产品外观、品质就是产品价值。但是，随着市场竞争同质化，当产品的功能、品质、服务、价格都相似的时候，产品精神就起到关键作用。顾客购买产品，就有了新的性价比模式，即性价比 =（外观 + 品质 + 产品精神）/价格。产品被赋予的产品内涵越独特、丰富、持久，就越有竞争力。哪怕价格更昂贵，消费者也会觉得划算。

产品精神的价值源泉是工匠精神。工匠精神就是指工匠对自己的产品精雕细琢、精益求精的精神理念。工匠们喜欢不断雕琢自己的产品，不断改善自己的工艺，享受着产品在双手中升华的过程。工匠们对细节有很高要求，追求完美和极致，对精品有着执着的坚持和追求，把品质从99%提高到99.99%，其利虽微，却长久造福于世。以下是工匠精神的产品制造准则。

（1）精益求精。注重细节，追求完美和极致，不惜花费时间、精力反复改进产品，把99%提高到99.99%。

（2）一丝不苟。严谨，不投机取巧，确保每个部件的质量，对产品采取严格检测标准，不达要求绝不交货。

（3）耐心，专注，坚持。不断提升产品和服务，真正的工匠在专业领域上绝对不会停止追求进步，无论是使用的材料、设计还是生产流程，都在不断完善。

（4）专业，敬业。工匠精神的目标是打造本行业最优质的产品、其他同行无法匹敌的卓越产品。

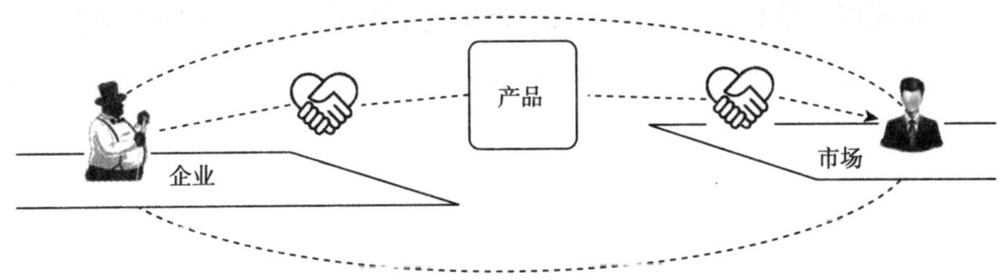

图1-7　产品是连接用户最重要的纽带

（二）传统广告传播已经失效，口碑与病毒传播更为有效

1. 传播结构变化导致传统传播失效

以互联网为基础的媒体去中心化、碎片化，让传播结构发生了根本变化，使金字塔化的大广告传播难于有效！2006年，深圳市资深的互联网专家曾国林（绰号“六十年代”）提出在互联网影响下，传播的价值点在转移，传播通路结构在发生变化，传统传播模式已经失效。

他认为：传统的传播结构，是一种金字塔形，即从金字塔一个顶点出发，然后一层一层传播，是一种自上而下的传播方式，信息发送端是传播的中心，价值创造是信息传播的中心决定，也就是说，在信息发送端投入资源越多，信息传播越有力量，越有效果。这就是在传统营销中大规模广告盛行的原因，也是以前“定位+大传播”营销屡试不爽的根源。

但在互联网时代，互联网本身成了一个主要媒体，在这个媒体中，传播结构发生了根本性改变，传播结构更多是一种倒金字塔形或网络拓扑型结构。而且整个传播结构是非中心化的，不再是自上而下的，信息发送端不再是传播中心点，不再具有权威性了。这直接导致传播性质的巨变。在信息发送端投入再多的价值与资源，也不一定能有效地进行大规模的传播！

这时候，信息传播的中心可能处于这个倒金字塔或网络拓扑任何一个边缘点上，根本不是由信息发送端控制，传播的途径也不再是自上而下扩散，而是碎片化扩散。

这时候，传播的价值由传播接收端创造，再在信息传播的发送端投入巨大资源，起到的效果就极其有限了。因此，在信息发送端投入大量资源的大广告基本难于奏效，这也是海尔为什么停掉大部分电视台的传统广告的原因。

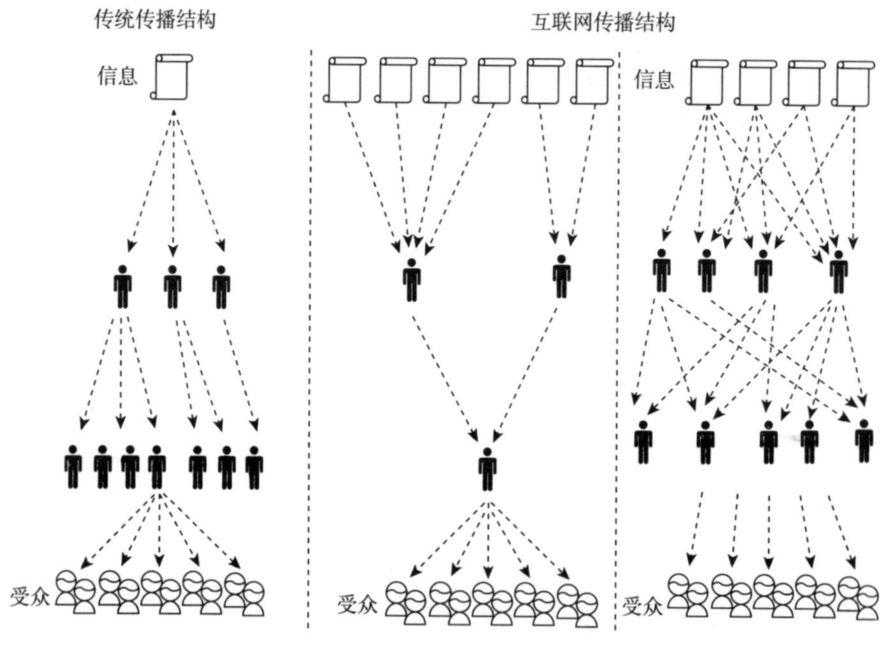

图 1－8　互联网传播结构

在当前这种变化了的传播结构下，最有效的传播自然是互联网口碑传播。如何进行口碑传播呢？就是实现用户信任关系的传递，将超越用户预期的结果传播下去。所谓口碑传播，就是产品的用户体验比产品的促销更重要、更为有效，产品的用户参与感比产品的促销更重要、更为有效，而产品的用户认同感、用户存在感、用户归属感的营销比公关营销更重要、更为有效。

除了口碑传播，还有“病毒”传播，大数据下的精准传播。这些都是在新型的网络传播结构下有效的传播方式。

案例解析 小米的新媒体传播

首先我们看小米的新媒体团队。这个团队一开始就有近百人，小米论坛30人，微博30人，微信10人，百度、QQ空间等10人。由此，小米也建立了一个强大的小米粉丝矩阵。通过这个团队，小米运营了“小米社区”论坛集聚用户，开通小米手机微博、红米微博、小米电视微博、小米QQ空间、小米路由微信订阅号、小米应用商店微信订阅号、小米手机微信订阅号、小米手环微信订阅号、小米电视微信订阅号、小米盒子微信订阅号、小米游戏微信订阅号、小米微信订阅号、小米生活微信订阅号、小米系统微信订阅号。

除了王牌的微博、微信，小米在QQ空间、百度贴吧、官方博客，增设至70多人运营。除了渠道建设之外，小米还加强了自媒体内容部门建设。这个自媒体内容主要分为品牌和产品两大块，有时还专门增加一个高管模块，提供雷军和黎万强的相关内容。通过这个体系，小米论坛实现用户2000多万，小米手机、小米盒子等产品的微博粉丝超过1000多万，小米合伙人加员工的微博粉丝接近1000万，微信也有超过100万粉丝。这些粉丝和传播途径极大地加强了小米饥饿营销的力量，创造了众多的“口碑”与“病毒”，支撑了小米的营销神话，比如之前的“米粉节”6分05秒售出10万台小米手机。

可以看出，小米根本放弃了中心化的传播结构，直接建设了无中心化的矩阵传播结构，以此实现了互联网营销的巨大成功。

2. 口碑让我们连接用户

我们要想直接连接上用户，就需要塑造一流的用户口碑。只有有了良好的用户口碑，我们才能实现传统企业向互联网的转型。那么，口碑是什么？它是一种评价，是一种价值评估与信任关系的传递，是对用户期望值的超越。这样的口碑就好像宇宙空间中的引力场一样，一旦积聚，就会产生越来越大的吸引力，不断吸引更多用户进入一个通道，然后送到企业那里，从而使得口碑的吸引力更为强大，这个引力场就是传统企业穿越互联网的虫洞。同时，口碑是一种信任关系的传递。千千万

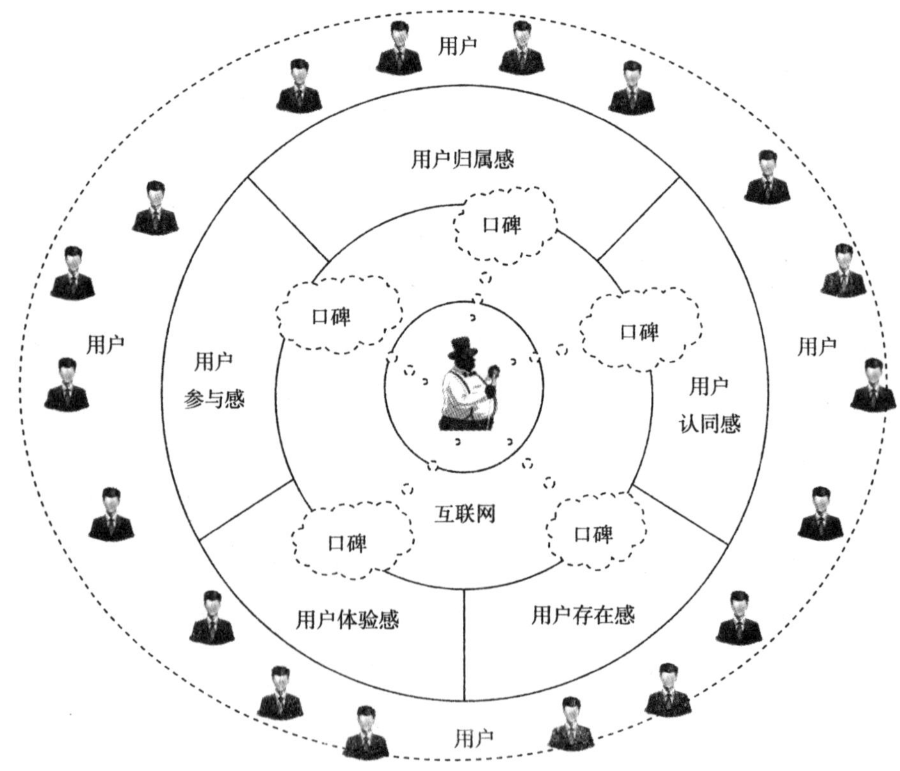

图 1-9　口碑引力场

万的用户，有千千万万的想法，有千千万万的评价。淘宝上卖家通过好评进行口碑传播，依靠用户好评形成淘品牌，吸引来更大量的消费群体。韩都衣舍、御泥坊就都是典型代表。而淘宝第一坚果品牌"三只松鼠"更是通过口碑将互联网森林食品品类越卖越火。

（三）品牌是一个传播符号，是一种沟通手段

品牌不再是营销的核心而是一个传播符号，是最有效地与消费者沟通的手段，品牌可以溢价，但不是所有的品牌都能成为溢价手段。

品牌是一种识别与记忆，存在于客户的心智之中，能够给企业带来溢价、增值的一种无形的资产。品牌通过消费者对产品全方位的体验和感受而形成。品牌是对一个企业及其产品、售后服务、文化价值的一种整体认知与评价，由品牌定位、品牌核心价值、品牌识别、品牌形象、品牌个性等构成。

在传统市场营销中，品牌是一种溢价的营销手段，品牌营销的溢价通过增加品牌资产实现，即品牌知名度、品牌认知度、品牌美誉度、品牌忠诚度以及品牌联想、品牌感知质量、品牌专利、品牌背书等元素的增加与扩大。这称为品牌资产增值。

然而在互联网思维下，品牌是一种与用户群体有效的沟通方式，它更多是一个结果，而且要以产品连接为基础。如果没有连接，品牌就会失去生命力，就如诺基亚、摩托罗拉，他们的品牌资产一样没有少，但是他们的用户数却在大量减少，产品连接急剧减少，这样，他们的品牌再响亮也不起作用了。因为品牌成了一种连接的结果，它就成了一种传播符号，是产品连接后的延伸与升华。

而要达到与消费者良好的沟通，品牌的人格化是必须要具备的。

案例解析 百年企业的品牌人格化——“疯狂的田园”

重庆市涪陵榨菜集团公司是一家以榨菜为根本、立足于佐餐开胃菜领域的农业产业化企业，是中国最大的榨菜加工企业，榨菜腌菜制品全国市场占有率第一，品牌知名度第一。这是一家百年企业，自公元1898年至2008年，历经110年风云变幻、历史跌宕，成为中国酱腌菜行业当之无愧的领军者。涪陵榨菜曾获得巴拿马万国商品博览会金奖，1970年，在法国举行的世界酱香菜评比会上，中国涪陵榨菜与德国甜酸甘蓝、欧洲酸黄瓜并称世界三大名腌菜。

在传统产业被互联网逐步渗透的时代，榨菜集团开始转战互联网，进军电子商务。这个时候，企业遇到一个问题，榨菜这种佐餐开胃菜，主要是依靠线下流通的长渠道进行销售，网上整体搜索购买量极少，线上购买总量较小。在淘宝网上直接搜索开胃菜，其销售总量不足以支撑淘宝爆款销售，显然，在电商化上，直接将榨菜搬上淘宝销售，不过是将传统市场中的存量搬上互联网市场，这显然不妥，而且已经有前车之鉴。比如2013年苏宁开始电商化发展，直接将“店商”与“电商”对接，实行线上线下同价策略，导致毛利率急剧下滑，巨额亏损。电商以线上为主战场，以价格战为主要打法抢夺用户，而苏宁易购降价拉低了其线下销售价格和毛利。显然，传统家电连锁试图通过用电子商务转移存量的方式，来进行互联网化，可谓步履艰难。

因此，经过笔者与涪陵榨菜集团领导层不断地思考与分析，最后得出结论，要用互联网去寻求增量，获得盈利与前景，而不是通过电子商务去转移存量，造成巨额亏损。

因此，涪陵榨菜集团打算基于互联网用户思维，准确说是基于淘宝网购用户思维，确定推出适宜“95后”人群的休闲类电商食品，而非传统佐餐食品。但是，淘宝网上已经有成百上千家销售此类产品的网店，涪陵榨菜集团如何从中脱颖而出呢？这时候，榨菜集团想到了品牌人格化。因此经过笔者与该公司共同努力，终于推出了以猪牛鸡鸭肉类、豆干蔬菜类的休闲零食类产品，称为互联网田园食品，并塑造了相关的产品形象——“疯狂的田园”，将品牌与产品全部人格化。

图 1－10　涪陵榨菜的品牌形象

在企业与用户的连接上，产品是连接纽带，而品牌只是这纽带上的钮钉。它不是最华丽昂贵的钮钉，它是最人性化的钮钉。因此，在互联网时代，品牌就是人性，品牌的核心资产就是品牌人格化。

案例解析　锤子手机的情怀

锤子手机的创始人罗永浩，讲了一个“工匠精神”概念，以及由此展开的以工匠精神为背景的情怀，罗永浩粉丝超过600万，锤子科技的推广高度依赖着罗永浩。在发布会中，罗永浩宣布把门票收入的100W人民币捐赠给非盈利的开源组织OpenSSL基金会，并宣布“今天花钱来参加锤子发布会的人，顺便也为整个互联网世界的安全做出了自己的一点贡献。”同时，向竞争对手雷军致敬，现场响起热烈的掌声和欢呼声。

罗永浩在发布会上讲道：“我们调研了市场上所有的手机，最后发现除了苹果以外，成像品质最好的是三星S4的欧洲版（9505）……后来我们打听到，他们是通过富士通（Fujitsu）解决的。富士通对智能手机厂商有非常成熟的影像解决方案……我们发现他们是非常优秀的团队，所以就决定购买他们的方案。但是考虑到我们是小厂商，所以我花了很多的心思去和五十岚千秋先生（富士通总工程师）搞好关系，专门研究了他喜欢什么东西，发现和我很像，于是我们就深入聊了一个晚上，于是……”

他没有直接说自己的产品参数是多么厉害，而是用故事形式说明了参与自己产品的人物是多么厉害，简单直白，不管是哪个行业的人都听得明白。而故事说出来并不会掉价，因为故事的主角都是手机相关产业中首屈一指的人物，他们的出现和合作无疑是罗永浩的营销和推广有力的背书：

请来中国音乐界的教父级人物张亚东和左小祖咒来测试音频；

请ammunition的CEO兼创始人、苹果前工业设计总监Robert Brunner来设计外形；

请富士通总工程师五十岚千秋先生解决影像问题。

大部分消费者是看不懂高通处理器的八核跑分是什么东西，但他们绝对能听懂罗永浩在说什么，因为这是从人性角度来介绍锤子手机。通过这样讲述，罗永浩为大量特定普通人提供了"技术性的情感幻想"，这些普通人实际都属于一个互联网部落化的群落，他们需要一种寄托，一种对产品的工匠情怀，这种寄托落实到具备"罗永浩气质"的锤子手机上，能爆发出巨大力量。当然，锤子手机后来遇到的挫折是属于代工生产品控问题。情怀增加了品牌资产，但品牌只是一种与消费者沟通的手段，并不能解决供应链、量产制造、品质管控上的实际问题。

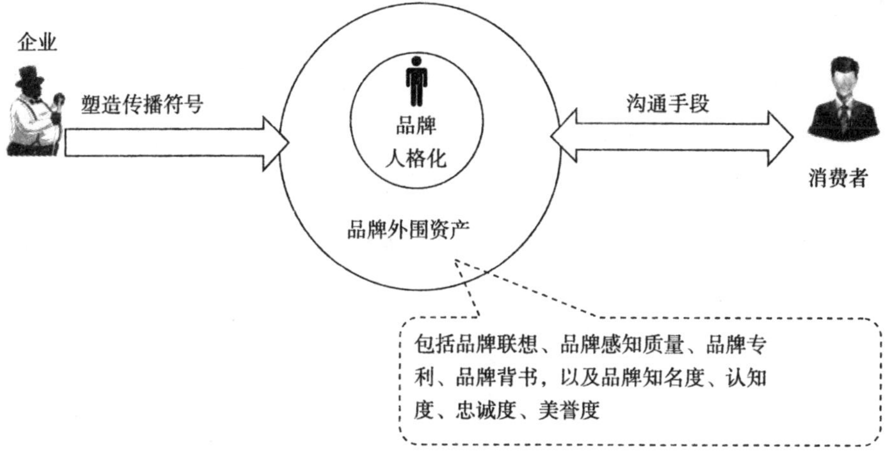

图 1－11　品牌的核心资产是品牌人格化

三、转型期的战略战术选择

（一）过去时代的静态战略

商业环境改变、商规的改变，导致企业必须也要改变，全面向"互联网 +"转型。这不仅是战略转型，同时也是战术的转型。过去的战略，无非是从三个方面确定。

（1）以运营效益代战略。麦肯锡的以运营效益代战略，以组织架构和运营改善，通过以组织、流程的再造去改善其内部管理和运营，帮助企业解决外部竞争问题，麦肯锡的管理咨询通常涉及“组织架构”“管理体系”“流程改造”“资本效益”“事业部规划”“KPI”等企业运营课题，但往往被看作“战略咨询”。

（2）定位战略。杰克·特劳特的定位战略，特劳特根据军事中“选择决战地点”的概念提出定位观念，用以界定企业外部经营要创造的市场成果，企业内部运营规划相应成为创建定位企业内部运营规划相应实施方案，即“如何驱动军队抵达”这一成果。最后发展为品牌定位，抢占消费者心智，建立差异化的营销定位。这样，企业能选择的企业战略，有领导型企业的“防御战”、挑战型企业的“进攻战”、跟随型企业的“侧翼战”和补充型企业的“游击战”。

（3）竞争战略。迈克尔·波特提出“五力竞争模型”，并依据此模型所描述的企业竞争环境，确定企业相应的竞争战略，即认为任何一个企业只能基于其行业所在竞争者情况选择竞争战略，即供应商议价能力、购买者议价能力、新进入者的威胁、替代品或潜在竞争者的威胁、同业竞争者的威胁。这五个因素形成市场格局与竞争壁垒。企业则可选择三种竞争战略：规模化低成本领先战略、别具一格的差异化战略、聚焦一点集中战略。

（二）“互联网＋”时代的动态战略

上述这些战略的制定方式，都是在一个传统静态的商业环境下的战略规划理论。而在“互联网＋”时代，传统企业转型涉及跨界、跨产业链，这个时候，战略是动态的、有层次的，但本质上一定是基于连接的战略、融合“互联网＋传统行业”的战略。

1. 基于产品、工具、服务等的连接战略

传统企业可以形成通过“互联网＋”来提供传统产品与服务，同时进行创新。成为提供传统产品、服务、内容、工具、解决方案与互联网增值服务的“互联网＋”企业。他们有两个方向可以选择：

（1）一个是“传统产业链智能化＋互联网优化”的方向，即传统行业运用互联网去优化渠道与制造，互联网是一种运营效益提升的工具，互联网融合进传统行业，优化原有产业链。比如下面将要讲述的传统消费品流通渠道互联网优化即是如此。

（2）另一个是“互联网主导＋传统制造业改造”方向，就是直接用互联网去整合传统产业资源，以互联网为主导，通过电子商务来全面改造传统行业的产业链。苏宁易购即是如此，它的电商改造传统造成了巨大亏损，却非方向上的问题，而是改造思路出了问题。

大多数传统企业都可以选择上述两个方向，形成自己独特的以连接为基础的战略。在这个战略里，可能会用到运营效益提升、侧翼战、游击战、规模化成本领先、差异化等方式，但这些方式已经是一种经营手段，而不能再成为一种静态的战略。

2. 基于平台的跨界战略

传统企业在第一个层次的连接战略上，如果积累了大量的用户群体，同时形成了一个有凝聚力的社群，那么可以通过“互联网＋”连接载体，提供市场供求双方价值交换或业务交易的平台，类似一个巨大商业有机体，这时候跨界营销就开始了，其所在行业同行，或其用户所涉及的行业的企业，就面临威胁了。例如，小米及小米的选择。

3. 基于商业生态的“共同进化”战略

商业生态是指在人类社会中形成的一种社会生态，是围绕一个或几个企业为中心，各种不同组织与个体相互作用共同影响形成的经济联合体环境。商业生态也叫商业生态圈，形成这个商业生态圈的价值链叫商业生态链。商业生态系统，在企业的商业关系构建上，是继商业模式出现后又一次革命。商业模式只是围绕某个行业构建相关利益方的交易结构，而商业生态则可能跨行业跨产业，并且除了价值交换，里面的利益方还有其他关系。显然，企业构建一个成功的商业模式能够在同行业竞争中获得成功，但企业构建一个成功的商业生态则能够获得整个行业的垄断霸权，取得巨大的成功。当企业建设出一个围绕其核心价值与商业模式的商业生态链后，通过这个链条构建一个封闭的商业生态圈，其发展依据此规律，将让竞争对手无法阻挡。

1993 年，美国学者詹姆士·穆尔在《哈佛商业评论》上第一次提出“商业生态系统”概念，打破了传统以行业划分为前提的竞争战略与商业模式竞争思维，并提出“共同进化”的商业生态概念。

因此，传统企业最高层次的战略就是通过“互联网＋”为扩张手段，以传统企业为中心，形成一个产业化的商业生态圈，然后通过生态圈的共同进化，进而让企业发生爆炸性的增长与扩张！

能选择这一战略的企业，在全球都很少，苹果、谷歌都是此战略。而在国内，阿里巴巴集团是这一战略最典型的代表！

第二章

互联网转型的切入点

这一部分将详细阐述互联网转型：传统企业如何找到切入点，进入高维度竞争之道。

在中国科幻巨著《三体》中，高维文明进攻太阳系时，进攻者“歌者”用一个二向箔把太阳系变成了一幅平面图，所有接触二向箔的物体，无论是行星还是卫星，瞬间从三维变成了二维，地球变成了椭圆饼子，土星也成了一个椭圆圈……地球甚至整个太阳系都弱爆了，除了发着呆等着被消灭，毫无办法。这就是高维度对低维度的攻击，也叫降维攻击。

1840 年大英帝国用坚船利炮打开了老朽的大清帝国的大门。当时英国远征军仅有军舰 16 艘、武装轮船 4 艘、运输船 27 艘。而庞大的大清水师在英国舰队面前不堪一击，很快败阵求和。表面看是大英帝国的坚船利炮赢得了胜利，而实质上是工业国战胜了农业国。这是人类文明发展中的降维攻击，先进的文明攻击低层次的文明。如今这种降维攻击，正发生在我们时代的社会经济与商业领域中，它由互联网转型竞争引起。

传统市场营销的所有手段，离不开定位、竞争者思维、运营效益提升、中心化传播。围绕定位通过大广告大传播实现渠道与终端销售增长，这在过去有效，在现在因互联网渗透而改变的市场结构中，却显得力不从心。甚至连菲利浦·科特勒提出的营销 3.0，所谓价值驱动营销，也是一种新瓶装旧酒的徒劳，因为说不清楚这个价值究竟是什么。传统基于静态化的市场营销理论与工业化思维变得无用武之地，这是竞争战略大师迈克尔波特的咨询公司倒闭的最根本原因。而从互联网领域发展而来的营销思维恰好相反，它不断创新，消灭了传统行业领域的很多维度。

首先，互联网去掉了地域维度，互联网世界没有地域的概念，在互联网上，电子商务不需要地域，随便开在中国哪个乡村的网店，一样面对全国人民。

其次，互联网去掉了时空维度。互联网世界中，一切交易与交换不必在同一时空同一地点下进行，淘宝网让购买者与售卖者完全可以不在同一时空进行交易，阿里巴巴则让供求双方无需见面就可确定生意。

最后，互联网去掉了渠道维度，无论是传播渠道、流通渠道还是分销渠道。传统金字塔式的层级被逐步瓦解。

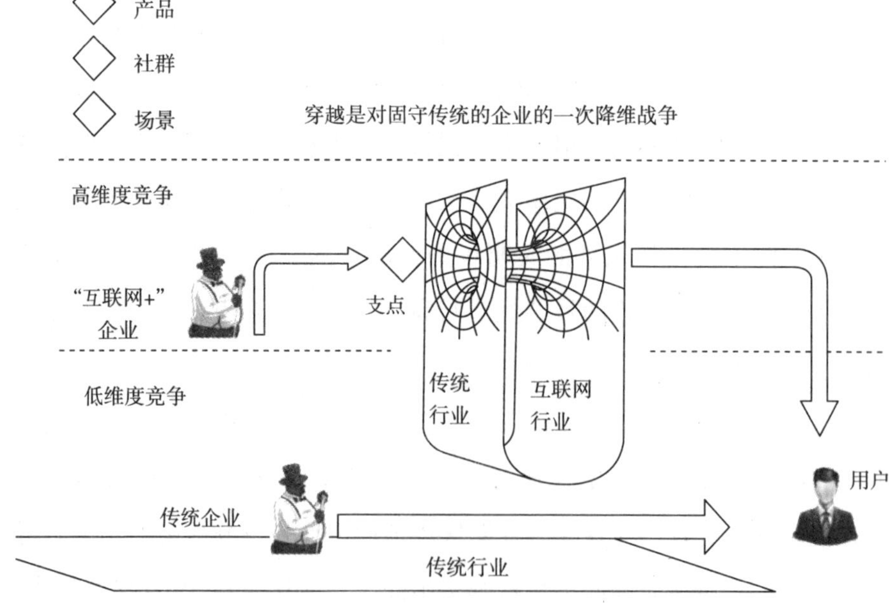

图 2－1　互联网行业对传统行业的降维战争

因此，**传统企业转型，就是要消灭这些交易维度，基于互联网思维与新商规进行转型**。当传统企业在进行真正的“互联网＋”的转型时，对于其他没有转型的企业而言，完全是一次高维度对低维度的降维攻击。

这样的攻击，就是传统企业互联网转型的战术精髓之所在。

这样的攻击，我们可以从产品、社群、场景这三个切入点中选择。

一、产品：创造最有效的切入点

（一）产品：“互联网＋”企业连接用户的纽带

首先我们要明白产品是什么。产品就是企业向用户提供的一切有形或无形的产品及服务。在互联网时代，产品的范围大大拓展了。除了直接的产品与服务，还有衍生的增值业务、多元化应用，比如软件、内容、App 应用等，围绕用户群体提供的一切产品、服务、应用、内容、增值业务、解决方案都可看作是产品。企业除了为用户提供交易型产品服务，还需要为用户提供运营型产品服务。如企业如果运营自媒体，无论是通过微信公众号，还是企业微博，或者百度贴吧等，都是一个典型的内容型运营产品。甚至企业如果要建设一个“互联网＋”业务平台，用于业务引流，从互联网上带来客户，那它也是一个重要运营产品，像小米商城（包括 PC 端小米商城以及小米商城 APP）。通过互联网引流的业务平台，企业能够用更多的产品连接用户，不仅可以多维度连接用户，还可以不断向用户提供更多的产品与服务，围绕用户创建一个平台或商业生态。

在“互联网＋”中，产品本质上是企业连接用户的最重要的纽带。

在互联网时代，产品的最重要的效能就是要连接用户，不能够连接用户并绑定用户的产品，是很容易被竞争对手的产品所取代的。因为，在企业与用户之间，产品并非只起到一个交易关系的作用。如果只有交易关系，那么随着交易结束，用户与企业的关系就断裂了，企业就流失了用户，这在俗话里就叫一次性买卖了。而企业想要连接并绑定用户，就不能将自己与用户的关系界定为交易关系。因此产品只能是连接用户群体与企业的纽带，通过这一个个产品纽带，企业不仅可以连接用户，不断地提供自己更多的产品与服务，获取利润，还可以围绕用户创建一个具有核心优势的商业模式或商业生态，获取超额利润。在这种模式下，企业向用户提供的产品就可能是零利润或者是免费提供。当产品能够满足用户的核心需求，同时又基于零利润或免费提供的业务模式，这样的产品就极具有黏性了，成为极强的连接纽带，吸引并绑定大量用户。有了大量用户，企业就可以借机建立自己的赢利模式了。

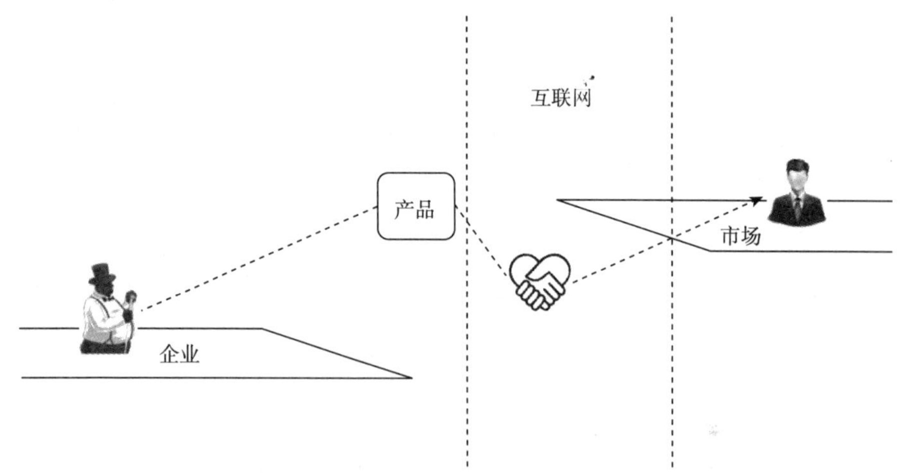

图 2－2　产品是企业和市场最重要的连接纽带

因此，传统企业转型互联网，产品是转型的一个重要支点。

一般来说基于这种产品连接模式可以有三种业务模式。

（二）“互联网+”产品的业务模式

1. 免费模式

纯互联网的模式，即主要产品完全免费，以免费模式获取大量用户。如腾讯QQ、Google、百度等。在基于免费模式获得大量用户的情况下，企业可以提供更多的增值服务与应用，然后通过高端的应用或服务，向愿意付费的人群收费。腾讯QQ即为此种模式。当然企业也可以在免费模式获得大量用户的情况下，引入有商业供应能力或推广需求的企业商家，通过向他们提供商业服务而收费。Google、百度、阿里巴巴、淘宝网均是如此。普通网络广告、竞价排名、商家年费往往是其收费方式。

2. 零利润模式

这一般是“互联网+”的模式，应用于提供传统消费品的企业，即企业以零利润的方式向消费者提供低价但高性能、高品质的产品，通过零利润实现低价，迅速获得大量用户，然后在盈利模式上有两种形式，一种是连接的做法，就是围绕零利润产品连接的大量用户，提供增值服务，或提供其他行业的额外产品。小米正是如此，通过小米手机获得大量用户，小米得以在其用户中推广其软件增值服务。同时小米利用其庞大的用户群体，不断跨界实现连接，包括空气净化器、空调、电视，甚至智能汽车。

零利润模式下，如果企业因为资源有限无法跨界扩张到其他行业领域，那么获取利润的方式还有一种简单方式，即可以通过规模来获取供应链利润。即当企业以零利润低价占有市场后，利用庞大的销售额，反向倒逼供应链厂家压缩成本，在加剧规模化的情况下来获取利润，采用此种方式最典型的就是罗马仕移动电源。但此种方式有一个弊端，即虽然具备连接思维，能够发展出庞大的用户群体，但却仍然是传统的成本依靠模式的竞争者思维，并不是基于用户思维出发的平台思维。因为同样都是老用户，手机的用户可能换手机的时候会用同一个品牌，但一个移动电源的用户很容易转换到其他品牌。从通信终端产业链来看，手机是核心产品，而移动电源是一个过渡性的外围产品，如果具有平台思维，那么在连接用户的时候，就会想法逐步从产业链外围走向核心。否则，随着产品规模进一步增大，公司发展的瓶颈就会出现，罗马仕移动电源公司近两年发展出现滞缓就说明了此问题。

3. 情怀模式

江小白的负责人陶石泉几乎总是回避所谓高大上的论坛大会，但消费者粉丝的每一条关于口感、关于品牌的微博微信他都会认真回复，乐此不疲；他经常出没在各个城市各种群体的吃饭约酒场合；要么去世界各个产区去看酒庄如何做品牌管理，要么和身边的社群走得更近，参与各种聚会；他不搞高朋满座、明星云集的发布剪彩，但会参与消费者口感测试，参与给歌曲填词，参与微电影拍摄，还会把重型摩托发物流到几千公里外，自己骑着去参加外地的车友聚会。江小白这一种酒，喝着总是让人觉得有一种情怀，而这种情怀是与其他任何白酒都不一样的。

情怀是什么？就是产品拟人化，也叫魅力人格体化，其实质是品牌人格化。

江小白认为世界上有那么多的小而美的百年品牌，中国市场缺的不是大，而是个性和生命力。“江小白的经营者不以规模大小的指标作为评判江小白的经营管理标准，而是希望把经营上升到所谓的哲学层面，即人的期望和感受，员工和消费者的满意度。”江小白，从产品实物而言，也还是传统的高粱酒。但消费者记得的，却是那个江小白人物形象，这是江小白品牌人格化的象征。

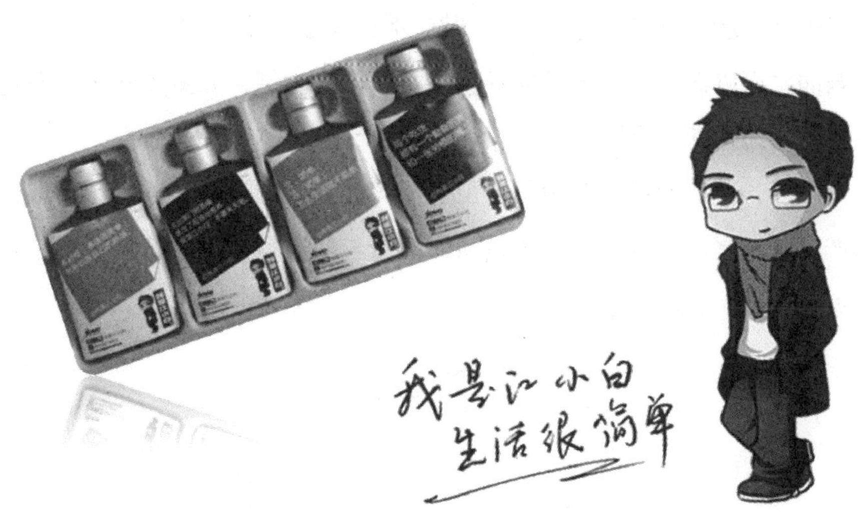

图2－3 江小白的人物形象

二、互联网时代的产品规划策略

（一）电商产品规划

既然产品在互联网转型中如此重要，那么我们来看看产品从业务层面是如何划分的。这里的产品主要是指消费品，暂不讨论工业品型产品。

传统市场营销理论中产品规划为：利润产品、走量产品、形象产品、狙击产品。通过在产品上的营销组合策略来应对竞争，然后通过一个品类突破来抢占市场上的消费者心智，获得品牌占位效应，从而带动其他产品的销售。但这是基于传统的静态市场格局的产品规划，在互联网时代，受到了电子商务的爆款产品与长尾效应的冲击。

电子商务的产品往往不是以某个产品品类来突破，而是以爆款或长尾来突破市场，就自营型的独立 B2C 平台而言，多是以长尾产品来获取利润。而以淘宝网内电子商务市场竞争格局为例，大多数网店，多是以爆款产品来获取利润。

因此，电商的产品营销组合由引流产品、关联产品、爆款产品、分销产品、长尾产品等组成，可以从人流量与销售量来构建出电商产品营销组合模型。如图 2－4。

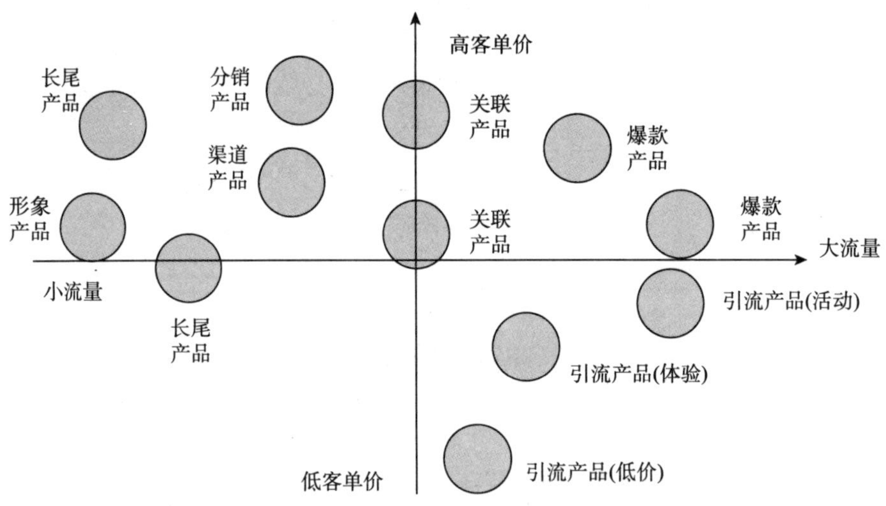

图 2－4　电商的产品营销组合

（二）“互联网＋”转型产品规划

电商产品营销组合模型只是指出纯互联网上销售的消费品所需要的产品规划策略，而大量传统行业的产品，并不能一股脑儿都搬到互联网上直接销售，提供这些产品的传统企业，他们更需要的是一种在互联网时代下的产品规划策略。

这种产品规划策略必须是互联网思维指导下的产品规划。它既不是传统市场营销中的静态的产品营销组合，也不是纯互联网电商产品的营销组合。

因为传统产品规划是基于静态市场格局的一种营销策略，电商产品组合是基于交易转化率的一种营销策略，而互联网思维下传统企业的产品规划是基于用户群体进行的组合。

因此，在互联网时代下，传统行业产品组合显然有着自己独特的组合结构。它主要由边缘产品、主流产品、平台产品、跨界产品组成。

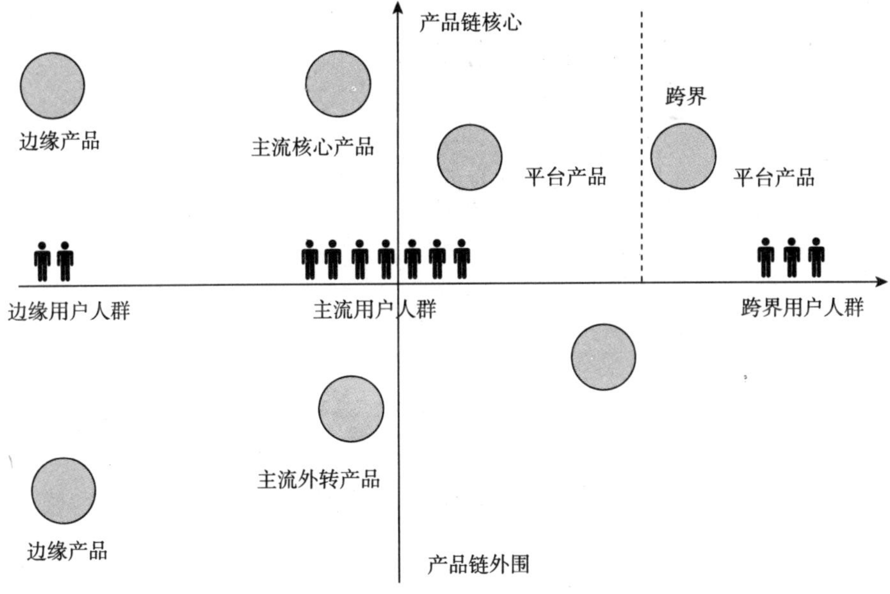

图 2－5　向互联网转型的产品规划

1. 边缘产品

边缘产品又叫初始产品，瞄准的用户人群也是边缘人群，是小众。

这些用户也可以看作是技术接纳生命周期曲线里的技术狂热者或爱好者，也可以叫作企业的“1000 铁杆粉丝规律”中的第一波群体。比如小米的第一个产品“MIUI”操作系统，事实上是边缘产品，它瞄准的根本不是普通的手机用户，因为 95% 以上的手机用户根本不懂什么叫手机 ROM，什么叫 Andriod。而 MIUI 系统的第一波用户群体，是喜欢刷机玩手机 ROM，小米叫“发烧友”，其实是一帮宅男、程序员，类似于 PC 行业里的 DIY（“攒机”）人群。

2. 主流产品：核心与外围

主流产品是针对主流人群提供的产品与服务。它在企业的产品规划中处于重要地位，如果说边缘产品是针对边缘人群的小众消费市场，那么主流产品则针对的是能够将企业带入主流人群的大众消费市场。而小米手机、米聊都是小米的主流产品。

主流产品还可以根据产品所在行业的产业链再次划分，可分为核心产品和外围产品，比如小米手机是核心产品，而小米移动电源虽然也是针对主流人群的产品，但在手机产品服务的产业链上却是一个外围产品。

3. 最有价值的主流产品：平台产品

在核心产品里，有一个很重要的产品，即平台产品。它的主要作用就是形成企业的业务或应用平台，成为流量或入口。比如由小米商城网站、小米手机 + 小米商城 APP 组成的小米商城，是小米由软件、硬件共同构成的业务平台，有望成为继淘宝、京东后的第三大电子商务平台。

米聊这个手机即时通信产品本来也有望成为平台，后来被微信给拉下，用户数无法进一步上升，未能成为真正的平台产品（目前在手机即时通信领域，只有微信、陌陌成了平台产品）。

一个在互联网上提供纯应用或单纯的核心产品的公司，其市值可能以十亿美元为单位计算，但是在互联网上提供平台型服务的公司，其市值可能将以百亿美元为单位来计算。

4. 平台产品的延伸：跨界与增值服务

当一家企业建立了一个面向用户群体的平台后，那么其价值将远大于提供单一纯粹产品的企业，这时候企业可以通过自己的平台，向用户群体提供更多的产品与服务。

（1）跨界产品

第一个是跨界产品，就是企业有了平台产品，可以围绕这个平台，针对平台用户群体，提供其他行业的产品。比如小米推出小米盒子、小米电视、小米净水器，比如乐视围绕乐视网站提供乐视电视机。

（2）增值产品

增值产品比较常见，有围绕产品提供的增值，依托平台开拓的增值，有直接在互联网平台上创造的互联网增值应用产品。企业拥有了平台产品，就可以对平台用户提供增值服务或增值业务型产品。

案例解析 小米的“互联网+”产品营销策略

标准的互联网思维下的产品营销策略是先用边缘产品来吸引边缘人群，然后将主流产品推向边缘人群，形成产品核心粉丝，最后将主流产品推向主流人群。其间，也可以通过侧翼战的策略来实现，即先把主流产品中的外围产品推向主流人群，然后再将主流产品中的核心产品推向主流人群，比如通过充电宝这类外围产品来对手机的主流人群进行首次接触与品牌沟通，然后再推出手机。小米营销的核心是围绕“发烧友”建立粉丝文化的社群。小米将用户分为普通网购用户、小米粉丝、发烧友三个类别。发烧友显然属于技术尝鲜者，而小米粉丝却充斥着实用主义者与保守跟随者。小米是典型的三部曲打法——第一步用边缘产品打动边缘人群，第二步用主流产品打动边缘人群，第三步用主流产品打动主流人群。小米用用于刷机的 MIUI 系统来吸引发烧友这一类边缘人群，在吸引了足够多的核心用户群体后，开始将小米手机 1 代这个主流产品来向以边缘人群为核心的小米论坛用户群体推广。到小米手机 2 代、小米手机 3 代就是直接用主流产品来推向主流人群了，并且通过可规模化 SNS 传播的社会化媒体来进行推销。如果小米的雷军没有这样一种产品思维，借助互联网先挖掘出这些隐藏在中国各种犄角旮旯的、喜欢刷机的边缘人群，然后再推向主流人群，小米就不会有今天的成功。

（三）科技型产品的互联网思维

1. 技术接纳生命周期曲线与用户群体划分

技术接纳生命周期曲线由埃弗里特·罗杰斯（Everett Rogers）提出，后由杰弗里·摩尔（Geoffrey Moore）使用鸿沟理论加以完善，即不同用户群接纳新技术需要的时间不同。根据接纳速度的快慢，用户群体分为五个类型。

技术狂热/爱好者与产品尝鲜/远见者构成了早期市场。发烧友就属于技术狂热者，小米的 MIUI 系统产品就定位于发烧友范畴。出于对技术发展趋势和前景的狂热追求，积极追求最新的高新科技产品，这部分用户相信技术的内在价值，认为是科学与技术推动了人类文明的进步，最期望创新产品的成功。得到这类人群的认同是任何新产品取得市场信任的必经阶段。发烧友的观点对早期市场中的消费者有很大影响，在网上又很容易成为“KOL”（意见领袖），影响并左右众多“小白”用户的购买决策。

产品尝鲜/远见者又叫早期接纳者，这类人一般是企业高管，他们往往能看到最新产品的市场机会，他们愿意引领时尚或科技潮流。但这类用户比较挑剔，他们虽然也在意技术领先，但更在意用户体验与个人的高品质感受。

实用主义者和保守主义者构成真正的主流消费市场。实用主义者是早期大众消费人群，这类人是产品在进入成熟期后，决定跟风购买的。他们只相信成功案例，不相信技术，不相信概念。实用者是市场主流，他们的购买预示着市场的快速发展，但他们重视产品性价比，即使在选择高档次产品的时候也是如此。

保守主义跟随者是后期的大众消费群体。怀疑主义者基本是落后于时代的一个消费群体，比如老年人用手机。

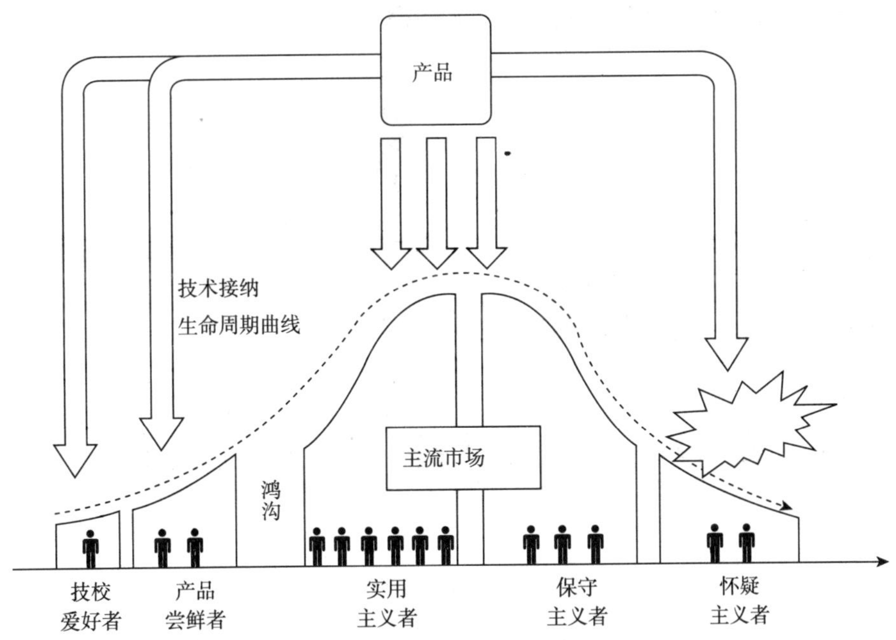

图 2－6　技术接纳生命周期曲线的用户群体划分

互联网转型的企业，在产品规划上除了要遵循互联网思维的产品规划，同时在推广其科技型产品的同时，还需要研究技术接纳生命周期曲线，并据此制定出市场策略。

2. 产品市场鸿沟理论

杰弗里·摩尔认为，在技术接纳生命周期曲线中，相邻的用户群体之间存在接纳鸿沟，早期市场与主流市场间的鸿沟最难跨越。尤其是从产品尝鲜/远见者用户群扩展到实用主义者用户群体，不同的用户群体需求和消费习惯是导致鸿沟出现的主要原因。跨越鸿沟的困难在于，赢得早期市场的成功经验难以运用到主流市场，构成主流市场的用户群体也不会简单地跟随早期接纳者的步伐。为了赢得主流市场用户的青睐，还需要全新的营销和销售策略。但早期市场比我们想象的要大得多，很多公司还没撑到开始跨越鸿沟就已经倒闭了。

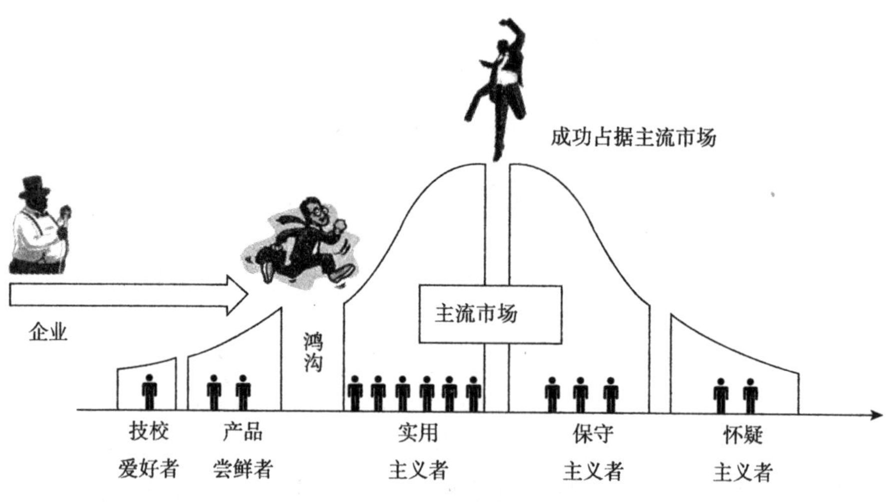

图 2-7　跨越产品市场鸿沟

如果公司无法赢得早期市场，那就已经出局了，根本不会有面对主流市场的机会。技术狂热/爱好者并不属于早期消费者用户群体，虽然技术爱好者可以帮助我们真正理解客户的需求，找到合适的营销方法，但是他们购买的商品数量有限，不属于早期消费群体。而产品尝鲜/远见者才属于早期消费群体。从一种类型的用户群体向另一种类型的用户群体的过渡与市场类型有着密切的联系，需要企业不断尝试、反复调整，才能跨越鸿沟。

三、如何跃过产品市场鸿沟

（一）专注让产品有力量，聚焦才有破坏力

管理大师德鲁克在《卓有成效的管理者》中说："有效的管理者知道他们必须要完成许多工作，但他们在一段时间内只集中努力做好一件事——集中他们本人的时间和精力，以及整个组织的时间和精力。""有效的管理者打算做一项新的业务，一定先删除一项原有的业务。"而小米总裁雷军如是说："你只有少做一点事情，你才有机会比别人做得好。"这些都是在讲专注！什么是专注思维呢，即少就是多，大道至简，专注才有产品力。《射雕英雄传》中，郭靖一开始与江南七怪学习，这个教飞镖，那个来教鞭子，又来一个教偷东西，再来一个教剑法……那时郭靖的武功那叫一个差，连灵智上人之类都打不过。原因简单，不专注。《天龙八部》里，四大恶人、北乔峰、南慕容、大理段氏，高手云集，但最厉害的却是少林寺的一个扫地僧人，几十年如一日地研究武功与佛学，时间积累下来，自然成为绝顶高手。

苹果是市值最大的公司，超过6000亿美元。但让苹果登上顶峰的，仅仅是 iPhone 和 iPad 两款产品。苹果有时候一个季度近400亿美金总营收，其中来自 iPhone 的部分可能高达60%，来自 iPad 的部分也在

15%以上，iPhone 和 iPad 整整占据了苹果 75% 的营收！而苹果手机出了第一代 iPhone，第二代 iPhone3G，第三代 iPhone3GS，第四代 iPhone4、iPhone4S，第五代 iPhone5、iPhone5S、iPhone5C，现在已出到第六代 iPhone6 手机。平均下来一年只出一款手机。出一款手机对大多数手机公司非常容易，中国深圳山寨机厂商最厉害的时候，一天就能用联发科芯片套 100 个外壳出 100 款手机，但像苹果一样专注做一款手机却比登天还难。小米仅仅是模仿苹果做一款智能手机，就直接干掉了整个深圳的山寨机行业。这是什么原因呢？专注！

大道至简，越简单的东西越难做。1997 年乔布斯重回苹果，当时的苹果濒临破产倒闭，拥有无数的产品，光是麦金托什就有很多个版本，每个版本还有一堆不同的编号。乔布斯认为，决定不做什么甚至比决定做什么更重要。他认为大部分产品是垃圾，便开始大刀阔斧地砍掉不同型号的产品，先砍掉了 70%。几周过后，乔布斯还是无法忍受产品如此之多。他画了一个四方格图，将产品纵向分为消费级、专业级，横向分为台式和便携，要求只做四款伟大的产品，每格一个。最后苹果只开发 Power Macintosh G3、Powerbook G3、iMac、iBook 四款产品。很快苹果从 1997 年亏损 10.4 亿美金，变成 1998 年赢利 3.09 亿美金，起死回生。所以，专注才是力量，产品多元化根本不是优势。

专注，一定从点开始。现在的时代更新很快，信息量空前巨大，因此专注点一定要细，细到马上就能开始研究与实践。选择好了专注点，就意味着要完全隔绝其他信息，除点之外任何信息都会分散注意力，从而延缓成功的时间。说到底就是专心。猴子掰玉米的故事谁都听过，等到执行起来就都忘了，都有难以拒绝的诱惑。今天看着技术成为主流了，觉得不错，明天又发现还是做学问取得的成就大。时常更换目标，时间就在转移注意力的过程中流失，最后只是浪费了时间。

其实很难做到专注的另外一个客观原因就是事物具有关联性，任何事物都不是孤立存在的。接触的信息太多，使专注再次变成了空泛，这个师傅说得不错，那个前辈讲得也有道理，听听这个看看那个，最后不知道如何做。那到底怎么做？解决的办法就是认准了谁就听谁的，一条路追随到底，先达到与认准的前辈一样的高度，再去寻找新的专注点。

（二）超越用户想象力，将产品做到人性化的极致

产品力是最好的营销力。要让产品有强大的力量，光有专注还不行，还要有极致思维。做到人性化的极致，超越用户想象力。极致，就是做到你能做的，让用户感受到最好，做到别人达不到的高度，而这个高度不一定就是产品性能或配置的硬性高度，但一定是软性的人性化的高度。

这就是极致思维：从人性的角度，超越用户想象力与预期最高标准。

Instagram 被 Facebook 用 10 亿美金收购，而 Instagram 只是一家 13 人的小公司，只是做图片分享应用，花了 2 年时间就发展了 5000 万用户，就卖了 10 亿美金。Instagram 不是苹果 IOS 系统上的第一款照片分享 APP，甚至不是第二款或者第十款。是什么让 Instagram 应用能够创造如此成就？答案就是 Instagram 把易用性做到了极致。十几种滤镜效果一键分享，让用户在手机上分享图片非常简单方便。暴雪游戏公司创办 20 多年，只出了几款游戏，但款款是精品。比如《魔兽世界》，返工了好几次；《暗黑 2》是 1999 年出的，等了十多年，现在才出《暗黑 3》。这也是一个伟大的公司。很多人都在用笔记本电脑，有些人用苹果笔记本电脑，用了苹果笔记本电脑的人永远不想再用其他品牌的笔记

本电脑。原因简单，苹果笔记本电脑完全称得上一款做到了极致的笔记本电脑，用了它以后，再用其他品牌的笔记本电脑，操作体验与感觉就像从私家豪车挤到公共汽车上去一样。

极致就是做到人性的极致，具体表现在从用户的角度做到产品与服务的极限，即使在别人看不到的地方，也要做得非常好。第一代小米手机，一上马就是双核 1.5G 处理器，用高通、夏普、三星、LG 元器件，追求智能手机中的极高配置。让小米手机成为全球首款双核 1.5G 的高端 WCDMA 智能手机，是极致的体现。极致，能让用户需求得到更好的满足，能够让用户得到超一流的体验。

（三）迭代式的产品开发

雷军说："天下武功，唯快不破。"这个有点说滥了，其实也并非所有产品都需要快速迭代的。像手机、电脑等数码类产品，的确是需要快速迭代。但工业品，以及一部分消费品，比如化妆品，快速迭代就要闹笑话。这样的产品，首先要追求稳定，不断去迭代，岂不是将消费者当成小白鼠来试验了。

但是，互联网时代的很多技术更新快的消费品，是需要快速迭代的。所以，小米 MIUI 坚持每周迭代，不断出新版本，增加新功能，推动小米的推陈出新。Zynga 也是一家迭代非常快的公司，2007 年 6 月由马克·平卡斯等 6 人创办，只花了一年半时间，月度活跃用户数即超过了 2 亿。Zynga 把游戏产品当作互联网产品快速经营，每周对游戏进行数次更新，尽量发布更多游戏、快速试错。在 2011 年 12 月上市市值超 60 亿美金。而 Facebook 花了多长时间，月度活跃用户数才突破了 2 亿呢？从 2004 年创办，Facebook 整整花了 5 年时间，才完成这个数字。

有时候，快就是一种力量。快了以后能掩盖很多问题，企业在快速发展的时候往往风险是最小的，但当企业速度一慢下来，所有的问题都暴露出来了。当然，并非所有的消费品产品都适合快速迭代，主要还是IT信息或数字科技消费品比较适合，因为其技术革新周期短，升级换代过快。所以，适合快速迭代。

（四）快鱼吃慢鱼式的产品运营

互联网也好，电子商务也好，都是讲究快鱼吃慢鱼，而不完全是大鱼吃小鱼。速度非常重要，如何确保在安全的情况下提速，是互联网企业最关键的问题。“快鱼吃慢鱼”是思科CEO钱伯斯的名言，他认为，“在Internet经济下，大公司不一定打败小公司，但是快的一定会打败慢的。Internet与工业革命的不同点之一是，你不必占有大量资金，哪里有机会，资本就很快会在哪里重新组合。速度会转换为市场份额、利润率和经验。”“快鱼吃慢鱼”强调了对市场机会和客户需求的快速反应，但绝不是追求盲目扩张和仓促出击，正相反，真正的快鱼追求的不仅是快，更是“准”，因为只有准确地把握住市场的脉搏，了解未来技术或服务的方向后快速出击、进行收购才是必要而有效的。

如今市场竞争异常激烈，市场风云瞬息万变，市场信息流的传播速度大大加快。谁能抢先一步获得信息、抢先一步做出应对，谁就能捷足先登，独占商机。因此，在这快者为王的时代，速度已成为企业的基本生存法则。企业必须突出一个“快”字，追求以快制慢，努力迅速应对市场变化。市场反应速度决定着企业的命运，只有能够迅速应对市场者，才能成为市场逐鹿的佼佼者。Modell体育用品公司的CEO默德在一次圆桌会议上重复了钱伯斯的这句话，他对与会的CEO们说：“想要在以变制胜的竞赛中脱颖而出，速度是关键。”正如非洲大草原上的动物们一样，当他们一开始迎着太阳奔跑的时候，狮子知道如果它跑不过速度比它慢的羚羊，它就会饿死。而羚羊也知道，如果自己跑不过速度最快的狮子，它就必然会被吃掉。众所周知，作为市场战略，时间对于资金、生产效率、产品质量、创新观念等，更具有紧迫性和实效性。因此，“快鱼吃慢鱼”意即抢先战略，是赢得市场竞争最后胜利的首要条件。实践早已证明，在其他因素相同或基本相同的情况下，谁先抢占商机，谁就会取得最后的胜利，抢先的速度已成为竞争取胜的关键。闪电般的行动必然会战胜动作迟缓的对手，使“慢鱼”在没有硝烟的战场上败下阵来。

在互联网时期，快鱼吃慢鱼的模式适合于大部分传统企业，企业有了运营的理念，运营上的快速高效，能够保障企业有灵敏的市场反应度，能够在竞争中总是抢先一步。

四、社群：创造连接的部落

社群（Community）是在某种边界线划定的区域内，参与人群的一切社会关系，包括网络关系的群体。社群具有较稳定的成员结构，较一致的群体意识、行为规范及互动关系。这个区域可以是实际地理区域，也可以是网络。

社群的核心之一是社群精神（Community Spirit），即群体间共同的价值观与宗旨。

社群的核心之二是社群情感（Community Feeling），即通过社群的活动与体验，参与形成的用户对社群的感受，如存在感、认同感、归属感以及体验感、参与感。

社群有会员体系，但有会员体系的人群并不一定是社群，如传统企业 VIP 会员体系。社群可以是由线下形成的，如苹果的粉丝；也有纯粹的网络社群，如“罗辑思维”；也有线上延伸到线下的社群，如小米的“米粉”。社群是传统企业转型互联网的一个可供选择的切入点。

互联网时代最大红利，就是让一切创新者有了颠覆传统的可能。这里的传统不仅是指传统信息权威、传统渠道资源、传统市场结构，也包括传统的企业用户或 VIP 会员体系。而商业社群的出现，将对这一切造成颠覆。比如罗辑思维所宣称社群理念，即 U 盘化生存，自带信息、不装系统、随时插拔、自由协作，这种思想最终会将传统的用户体系冲击得七零八落。

（一）商业社群及其诞生的根源

1. 六度分隔理论

1967 年，哈佛大学的心理学教授米尔格兰姆实施了著名的“小世界实验”，尝试证明平均只需六个人就可以把任何两个互不相识的美国人联系在一起，并以此提出了六度分隔理论（Six Degrees Of Separation）。米尔格兰姆认为：“一个人和任何一个陌生人之间所间隔的人不会超过六个，也就是说，理论上，最多通过六个人，你就能够认识世界上任何一个陌生人。”

在互联网出现之前，人与人之间的信息互动方式极少，交流沟通渠道单一，比如像介绍信、报刊杂志、广播、电视电影、邮件、电话、电报、传真等，这些方式或渠道都很难满足六度分隔中的信息传播、交流、互动、连接。因此，六度分隔理论的实现在现实中存在一定难度。

三十年来，以这个理论构建人际联系网仍然存在争议，但互联网的出现改变了这一切。

以 Facebook 为例，通过 Facebook 这个平台，人们开始在这个平台上有了自己的朋友圈。这样，朋友的一举一动都会出现在我们眼前：朋友有了宝宝留言恭喜，朋友上传照片留言称赞，朋友写了一段话留言评论。以往，相隔较远的朋友，只能定期电话交流，而如今，只需关注 Facebook 主页就可以了。在互联网来临之前，社交对于人们都是一种真实的体验，而在互联网时代，人们可以在虚拟与现实中同样拥有社交，互联网让人与人之间的社交从虚拟走向现实，从现实走向虚拟，互联网让人与人之间基于社交的连接更为便捷。每个人在互联网上基于陌生人、熟人（亲人、同事、同学、朋友）、生意人（商业伙伴或客户）即可形成自己的好友圈。一个人最多通过六个人，就能够认识世界上任何一个陌生人，完全成了一种可能。运用六度分隔理论，Facebook 建立了“熟人的熟人”或“好友的好友”模式的网站，首先创立了社会化个人网络的互联网社交服务。这就是 SNS（Social Network Site）社会化个人网络社交网站。

除了 Facebook，相继有 Myspace、推特（Twitter）、开心网、人人网以及后来的新浪微博、腾讯微信、陌陌等，建立了 SNS 社交平台。同时，用户在 SNS 好友间不断分享自己的视频、图片、文字，慢慢地，这些活动成为网上生活的重心，并由于移动互联网应用的兴起，出现了更多的 SNS 站点及应用。

2005 年 2 月，第一个视频分享网站 YouTube 建立，网站提出口号“Broadcast Yourself——表现你自己”，让用户上传、观看及分享视频或短片。它的主要服务就是提供了简单的方法让用户上传视频。YouTube 很快成为同类翘楚，并激发了许多网上名人进行网上创作。

大部分 YouTube 上传者是个人，但也有一些媒体公司如哥伦比亚广

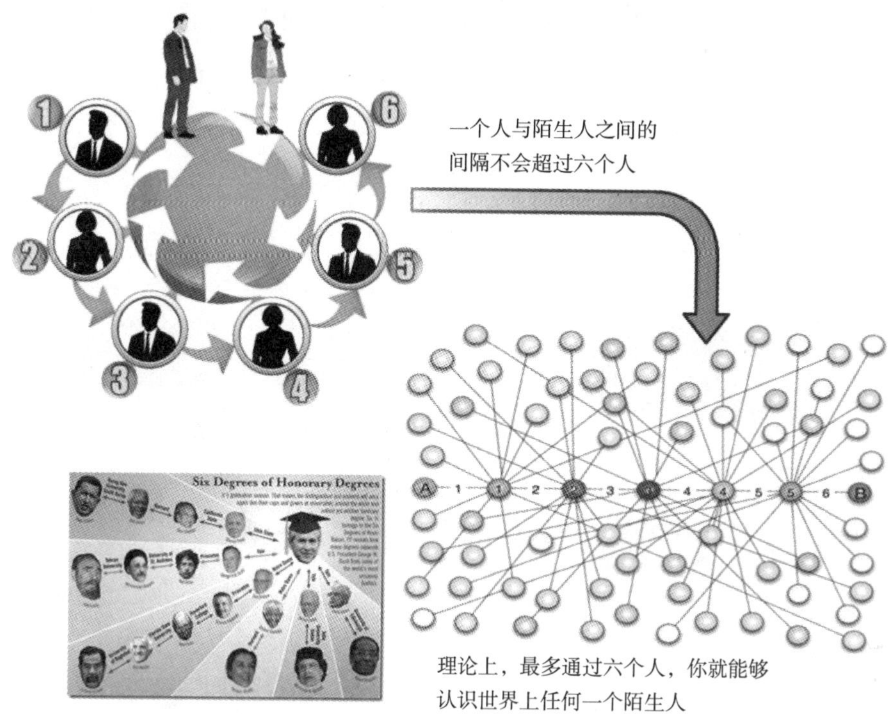

图 2－8　六度分隔理论

播公司、英国广播公司、VEVO 以及其他团体与 YouTube 有合作伙伴计划，上传自家公司所录制的视频。不少网友通过自拍短片分享个人珍藏和心得，或从事商业买卖行为。不管是公司还是个人，YouTube 都是基于观看或有着视频分享需求的用户，建立了一个庞大的社群。依靠庞大的用户群体，YouTube 以 16 亿美金卖给 Google，成为当时业界一大传奇。

Snapchat——阅后即焚是美国人分享照片的移动 SNS 社交应用网站，它最主要功能便是所有照片都有一个 1 ~ 10 秒的生命期，然后用于用户分享。当用户拍了照片发送给好友后，这些照片会根据用户所预先设定的时间按时自动销毁。如果照片接收方在此期间试图进行截图的话，用户也将得到通知。这完全切合一部分愿意分享自己图片但又不希望留存证据或不利痕迹的心理需求。就像QQ空间、微信朋友圈、微博的人群一样，Snapchat依此建立了自己庞大的用户群体。互联网女皇KPCB著名分析师玛丽·米克尔在2013年的《互联网趋势报告》中特别指出，Snapchat在照片分享服务领域将具有很大的发展潜力。

PC互联网

移动互联网

Pinterest

图2-9 SNS互联网应用

Pinterest——品趣志是美国另外一个移动图片分享社交站点，用户可以按主题分类添加和管理自己的图片收藏，并与好友分享，其使用的网站布局为瀑布流布局。网站的用户发展也非常迅速。

Instagram也是美国一个移动图片分享应用站点，它以一种快速、美妙和有趣的方式，将用户随时抓拍下的图片彼此分享。2012年10月25日，Facebook以总值7.15亿美元收购Instagram。

这些 SNS 站点的成功充分证明了六度分隔理论的威力。因为按照六度分隔理论，每一个人的个体社交圈都能不断放大，最后形成一个大型社交关系网络。通过“熟人的熟人”模式或“好友的好友”的社交方式来拓展用户，扩大个人社交关系圈，进而实现兴趣或价值观相同者之间的交流或分享，最终形成一个小圈子或群体。

2. 用户人群的互联网部落化

随着 SNS 网站的扩张及用户数的增长，传统的大众型社会将通过互联网逐渐分化成一个个小众型社会或圈子，有的是网络社群，有的可能是线下人群，他们最终可能形成虚拟小社会或部落化的小社会，并可能拥有部落化的意识形态。这就是互联网的部落化，它代表着一种社会经济的主要发展方向。

随着“互联网 +”的进一步发展，互联网部落化深入渗透到社会生活的方方面面，传统企业 VIP 式的用户体系将分崩离析，而互联网部落化社群将涌现，并将影响未来的社会消费思潮，引发个人 U 盘化的生存。这样将倒逼企业自媒体化、企业魅力人格体化、品牌人格化，形成以社群或粉丝为基础的商业模式，

互联网对人类的影响之一，就是将这个世界切分成无数细碎的小共同体，蚕食着“大众”概念。

不同的人住在世界上不同的地方似乎是很正常的，谁也不会把非洲人、亚洲人和爱尔兰人的后裔给搞混，但从人际网络的观点看，世界上每个人都能通过六个人与其他任何一个人扯上关系。某种意义上，人类传播技术的演变就是一个更快地找到“自己人”的过程，互联网几乎免费的连接成本让大家轻易选择彼此，并达成共识。哪怕同一片土地，很多事情上人们也无法达成共识，但是通过互联网，全球范围内的细碎分众都能够达成共识。

其实互联网的发展，除了一直在制造连接外，还有一个主题：回归部落。SNS 社交网络、云计算、物联网、开源、自媒体、开放平台、共享经济这些热门词汇或技术都是回归部落这一主题的表现，是为了将整个人类更为透明而高效地连接在一起，让每个人的每项活动都变成一种合作。这最终导致企业今后面临的消费者，不再是一个松散的消费群体，而是一个社群。他们是有共同的社群精神（共同文化或价值观）及一致的互联网化的社群情感（存在感、认同感、归属感）的群体。如小米的“米粉”、罗辑思维的会员等。网络社群越来越像互联网上的部落，有稳定的居住人群、沟通的机制、社交的场景和商业的交易。

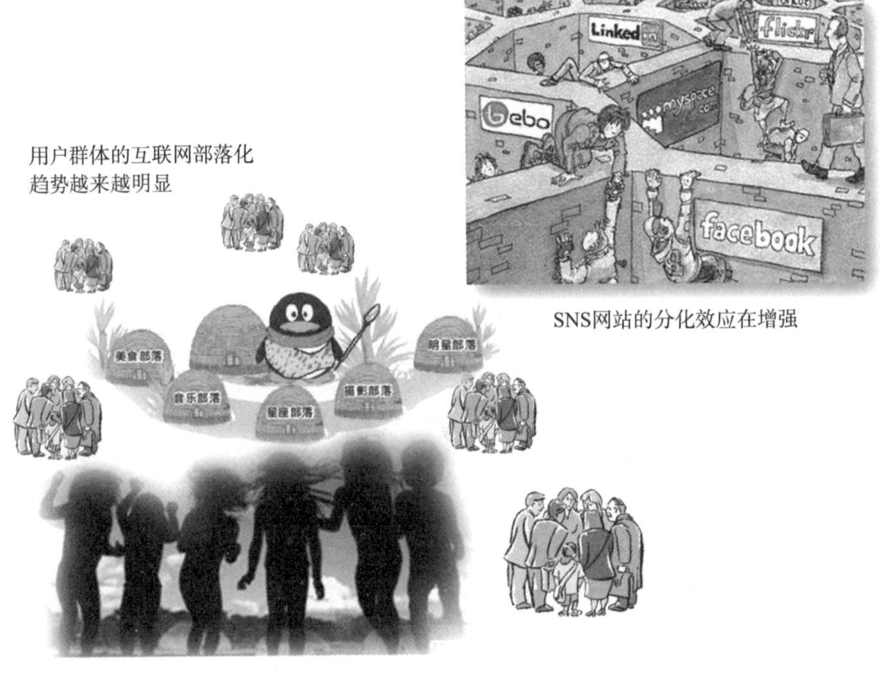

图 2－10　用户人群的互联网部落化

3. 1000 铁杆粉丝定律

但是，仅仅靠六度分隔规则与互联网部落化并不能保证商业社群的形成。要形成企业所拥有的商业社群，还在于商业社群形成的基本定律：1000 铁杆粉丝定律。

罗伯特·里奇是环境音乐的先驱，也是 20 世纪 80 年代早期旧金山湾区新世纪音乐的推动力量，他还是最早通过互联网与自己的粉丝直接建立联系的专业音乐家。1981 年罗伯特·里奇开始自己发行音乐，他认为，如果能够深深地打动一个人，那会比取悦成千上万的人却没有留下任何意义或任何印象要好。也就是说，同样是获取市场的用户，粉丝比无意义的听众更重要。这里说的其实就是长尾，通过长尾获得粉丝，将粉丝扩展到 1000，就得出了 1000 铁杆粉丝规律。即艺术家可以通过培养虔诚的粉丝，在长尾的末端谋生，当这个粉丝数达到 1000，艺术家就可以通过粉丝获得足够生存的收益。

1981 年，里奇依靠音频工程与母带后期处理技能制作音乐，然后通过在《空间之心》与几个小型的欧洲电台节目中的曝光，获得了一部分忠诚的听众，然后依靠直接向听众销售，售出 2 万 ~5 万张专辑。但离开音乐发行公司发展粉丝，从而独立销售，生存仍然很艰难。直到互联网出现，改变了罗伯特·里奇的生存状况。

在 20 世纪 90 年代中期，里奇通过互联网拥有约 600 名粉丝，2000 名真诚的追随听众、边缘听众，甚至还有更多，而在其数据库中总共约有 3000 多用户，虽然大部分只是每隔几年给他写封信，偶尔会有新听众通过介绍加入粉丝群，然后买下他的产品，但是从全局来看，罗伯特·里奇通过互联网聚集了 1000 名铁杆粉丝，然后通过互联网向这 1000 粉丝直接销售作品，让自己的生活越来越好。

当然，不同行业的艺术家所需要的铁杆粉丝数量并不相同，下面是一些所需铁杆粉丝养活自己的个人艺术家所在行业数据。

表 2-1 不同行业艺术家的粉丝贡献收入

职业	铁杆粉丝	每位粉丝平均年贡献收入	铁杆粉丝提供的总收入	销售作品
画家	200	300 美元	60000 美元	画作
漫画	100	150 美元	15000 美元	书/T 恤
乐队	150	45 美元	6750 美元	家庭式演唱会
作家	100	10 美元	1000 美元	书作

在一些用户黏性较强的消费品领域，尤其是存在着用户体验、情感性营销的产品领域，1000 铁杆粉丝的作用更明显。当然企业发展最早的核心用户群体（铁杆粉丝）不一定是 1000，比如小米手机，最早期用户就 200 名。1000 铁杆粉丝理论告诉我们，有 1000 个铁杆粉丝愿意把一天的收入给你，就可以养活一个自媒体。

如果上升到 B2B 呢？如果有 1000 个企业认同你提供的服务与价值，每个月给你一些服务费，你一样可以活得非常滋润。因此要摒弃过去打电话，引流量，然后培训，最后流失的玩法，而要用小而美的规范服务，去服务这些企业，一家企业一个月给你 1 万，那么就是 1000 万，一年就是 1.2 亿元。只要流失率低，就能积累更多，越做越大。

那么，你要做的就是赢得 1000 个铁杆粉丝。一旦这个粉丝团体建立，他们互相帮助就可以解决大部分问题，你付出的精力会越来越少，而团体的价值会越来越高，唯一难办的是，你要有足够的水平和驾驭能力。因为碎片化，很难导入大量用户，而且用户通过看你之前的言行举止，完全可以看出你是什么样和什么水平的人。

（二）传统企业如何建设商业社群

在互联网时代，大多数社群的形成都需要一个网络社区。最早是聊天室、论坛，后来出现博客、QQ 群、旺旺群，而后出现微博、微信公众号、微信群、企业粉丝社区等。当前可以通过运营企业网络社区、微信公众号、微信群、微博、QQ 空间、QQ 群、百度贴吧等主要方式来建设网络社区，继而形成 1000 铁杆粉丝，最后成功塑造社群。

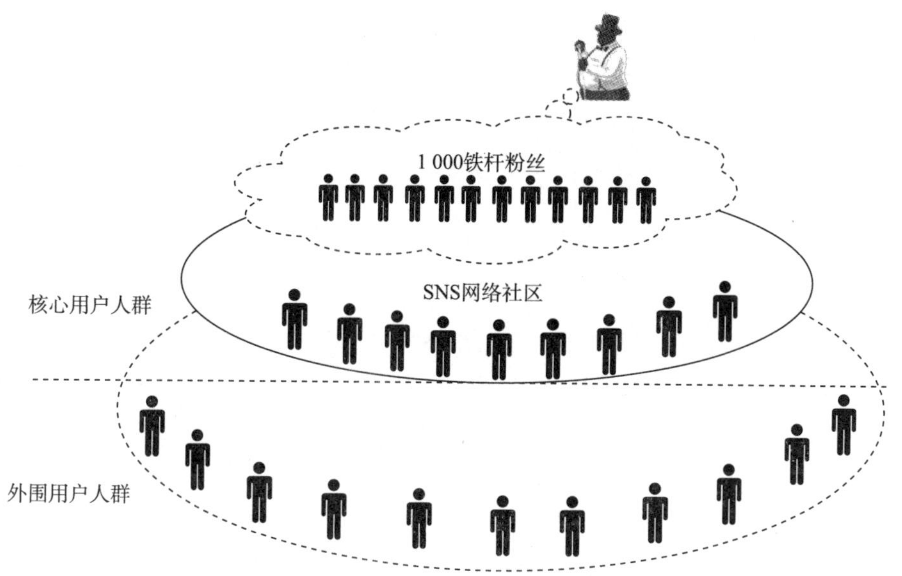

图 2－11　1000 铁杆粉丝的来源

那么，企业应该塑造什么样的社群呢?

作为企业社群，首先是有一个中心，或社群核心人物。没有社群中心的只能是一些非营利性质的论坛与线下公益组织，如绿色和平组织。

纯粹中心化社群是事实上的粉丝经济，粉丝与明星人物之间、粉丝与产品之间，基于某种情感关联，从而产生以中心驱动的持续的单向消费。就像影视明星与粉丝之间一样，明星的光芒是粉丝的聚焦点，只要有明星号召，票房就有了保证。社群成员是无组织形态的，像小米的米粉，华为的花粉等，常常驻扎在贴吧、论坛等虚拟空间，并没有构成一个有连带关系的生态组织，边界非常模糊，今天可以是“米粉”，明天可以是“果粉”。

粉丝与明星之间的交易行为从一开始就是单向的输出模式，几乎不存在点对点的交互可能性，这个时候粉丝是缺乏存在感的。如同在吸食一种精神鸦片。粉丝对应得服务的索求很盲目，并且溢价空间很大，仿佛人人都是圣斗士，生生不息。

中心化的社群，其成败均系于中心化的明星。影视娱乐行业里，如果明星一过气，影视节目获得高票房就比较困难。这也是为什么影视娱乐圈经常有不断的炒作，因为明星需要一直保持公众的关注度，拥有人气。很多人觉得影片《小时代》很烂，但不妨碍其票房过亿元，因为大量青少年欣赏郭敬明，支持他的电影。

因此传统企业在面对消费者的时候，如果企业内部没有一个明星似的人物，最好还是不要去做吃力不讨好的粉丝经济。但是，作为社群的连接，中心化的人物还是不可或缺的，当前互联网部落化，形成部落需要有意见领袖，起到召集作用、辐射效应。

小米和罗辑思维本质上是两种企业形态的社群营销代表公司，他们站在用户群体角度高度构建企业的消费者社群，为用户的迫切需求提供极致服务，塑造品牌人格化，同时贩卖产品与价值观，这实际是一种用户存在感、认同感、归属感的精神互动，以及对于产品的体验感、参与感。最后用户并不清楚买的是小米手机还是雷布斯布道，买的是罗辑思维思想还是高科技大米。

1. 确立企业用户社群的社群精神

社群首先要有统一的价值观，比如小米社群一开始提出的就是“为发烧友而生。”

有了统一价值观，才能通过互联网聚集一群志趣相投的陌生人，在沟通、分享、协作中，创造新的价值。比如罗辑思维社群的统一价值观就是：U 盘化生存方式与手艺人精神。

（1）U 盘化生存方式：自带信息，不装系统，随时插拔，自由协作。组织外的个体可以活得很自由和潇洒，用户自己的命运自己掌握。

（2）手艺人精神：以手艺人的心态与组织合作，只需要对自己的价值成长负责，可以不以老板的评价对自己进行价值判断，只要假以时日，手艺人的市场价值积累起来，就可以不以组织体系为阻碍，从而获得更广阔的个人空间，获得更加丰厚的回报和更加自由的个人生活。

有了统一的价值观，接下来就是如何吸收用户，构建网络社区与社群。

2. 根据与信息的关系明确目标人群，锁定圈子聚拢核心人群

网上的用户在面对网络社区的时候，依据对信息的态度与方式，可以分为三种：

（1）信息原创人群：创造者

创造者指网络上原创信息的主要提供者，有时候也叫意见领袖（KOL）。通常都是各大论坛社区的版主，或者是网络名博、微博大 V、微信大号，或者是著名的自媒体作者。他们经常写微博、博客，推送微信图文、自媒体原创文章，或者编辑、上传视频等。他们起到创造网络信息，引领网络舆论的作用，是传统企业创建社群最需要吸引的核心力量。因为根据当前网络传播结构（倒金字塔或网络拓扑状），创造者们掌握着传播的主要价值，他们决定着信息传播的扩散度。

（2）主动参与与扩散人群：评论者、收集者、参与者

这个人群就是主动参与自己感兴趣的网络社区，选择在里面寄居，或发表评论，或收集信息、进行转发，或直接参与维护自己在社区的个人空间，如用心编辑修饰自己 QQ 空间。主动参与扩散人群主要有三种情形：一是评论者，指的是在网络上对其他内容做出回应的人，如在博客或论坛留言、发表评论，编辑百度百科，回复微博；二是收集者，指的是使用RSS、社会化书签、App、微信公众号等来收集信息，并负责整理收集到的信息，进行编辑，他们在社群中属于信息消费者，也是外来信息采集者；三是参与者，指那些参与社会化媒体维护个人主页，维护个人信息更新的人，偶尔参与社群活动，是信息消费者，以及少量信息的创造者。

（3）被动消费人群：观看者、不活跃者

最后一类人群就是被动消费网络信息的人，主要由观看者与不活跃者组成。观看者是指信息的消费者，他们一般观看博客文章、在线视频、论坛、论坛的留言回复。观看者不像创造者或者评论者那样要奉献许多内容，所以这个队伍更庞大。不活跃者指那些对大多数网站参与度

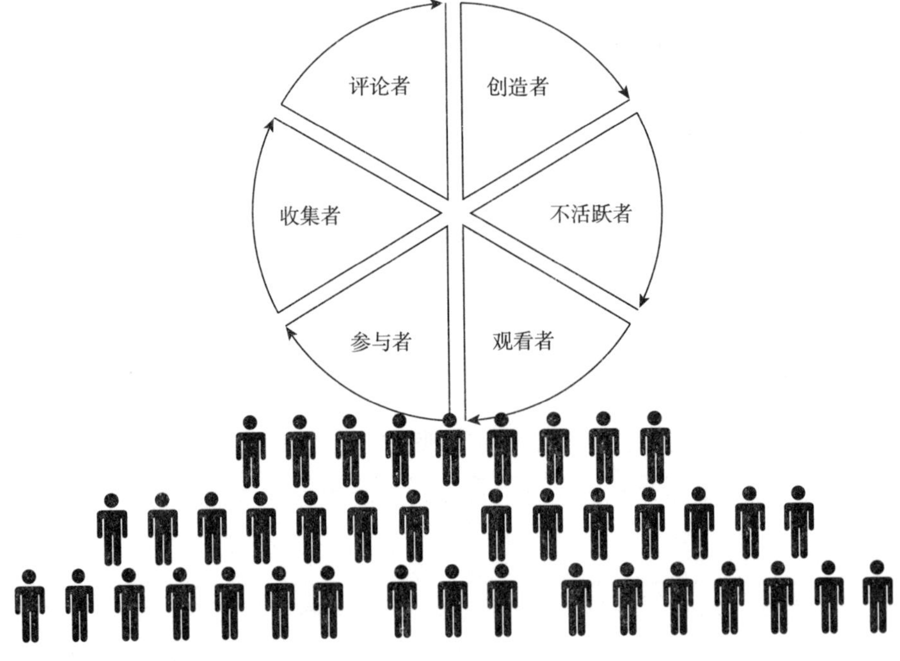

图2－12　SNS用户人群分类

特别低，或者平时根本就不上论坛社区的人。注册了一个账号，却很少登录，也称僵尸粉。

对于企业的网络社区而言，就是要找到信息原创人群与主动参与扩散人群，同时也不排除观看者，然后吸引他们进入社区，从而构建出第一个1000铁杆粉丝的圈子，最后边向真正的社群。

3. 社群成员分级管理

网络人群进入网络社区后，会形成不同的层次与参与度，需要依据社群用户的参与度及其变化，将社群用户分类进行管理。

（1）将最核心的社群用户委以重任

最核心社群成员就是社群领导者（Leader），也称为社群意见领袖（KOL），如论坛“斑竹”“板斧”（版主、副版主）、社群“骨灰级玩家”、“狂热发烧友”等。他们支撑着企业实施的品牌活动、用户参与活动，支持着企业进行社群的扩张与互动管理，是社群坚定的建设者。无论专职还是兼职，他们的利益应该与社群的发展紧紧绑在一起。

（2）为铁杆成员提供F码

网络社区的铁杆成员又称为熟悉内情的常客（Regular），他们对社区忠诚度很高，对社区保持强烈的关注度，俗称“大虾”。对这样的用户，小米管理得最好，采用F码（又称Friend码，指用于购买物品所具备的一种优先权）来凝聚铁杆成员。

（3）观察提升型用户

提升型用户主要是指非核心用户，他们可能转化为铁杆成员，也可能永远就是外围用户。

其中又分外围的“潜水者（Lurker）”与松散参与者，即入门级的新手（Novice）。

“潜水者”是社群最外围的成员，基本上都是观望或非关注状态。

“潜水者”中的男性被称作“水手”，女性被称为“水母”，意指网络潜水。而松散的参与者，一般是入门级的新手用户，他们是应邀而来的新用户，或者说初次加入社群的用户，也就是“菜鸟”或“小白”用户。

（4）防止放弃型用户

放弃型用户可能主要出现在提升型用户中，也叫“出走者（Outbound)”“资格老人（Elder)”。但如果因为新的关系、定位或其他原因，而在 Leader 或 Regular 出现放弃型用户，那就要引起企业高度重视，否则将会出现社群的崩塌或用户大量流失。如当年雷军抢夺魅族社群的用户一样，其实不怪雷军，是魅族黄章自己并不重视用户，我行我素，须知除了乔布斯有左右用户的能力外，在大多数社群中，用户与“企业 KOL”之间是互动关系，而非盲目跟从关系。

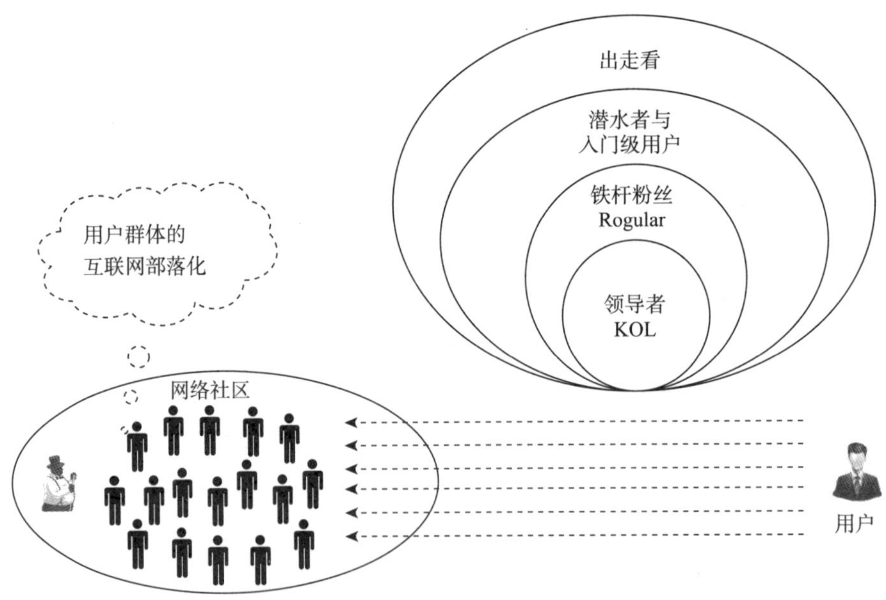

图 2－13　社群的连接

每一个社群成员身份的成长都有类似的轨迹，如论坛、博客的社群变迁，如微信、微博的部落成长及变化趋势。如果一个社群的中坚力量、领导、意见领袖群体出现迁徙，那么也就意味着这个社群将走向衰落。没有一个企业社群会永远昌盛，都有一个生命周期。

4. 运营商业社群

企业组建基于信任有行动力的社群，绝不是为了赚取会员费或销售商品。社群有了共同的价值观与宗旨，即共同的社群精神与社群情感，这样的内容就会有共同的人格，就会产生认同和吸附，也就有了结社的可能。罗振宇说：“我招募会员，也是想通过他们来识别属于我的社群，寻找志趣相投者，需要确保人们购买这个产品是认真的。”所有招进来的会员都有几个特征：对知识性产品有发自内心的热爱；会员间对彼此信任；会员有行动的意愿，且真能付出行动。当然，社群的价值在于运营，一群人聚集起来之后可能是乌合之众，也可能做成大事，最重要的是要有共同的社群精神与社群情感，有共同的参与感、存在感、认同感、归属感。

为了构建企业的“自媒体 + 社群 + 产业”价值链，发展社群经济，2013 年 12 月 28 日，罗辑思维在招募了 2 万多名第二批会员之后，喊出“基于社群的信任商业”“通过互联网的力量，聚合起一群志趣相投的陌生人，在沟通、分享与协作中，完成新的价值创造。”罗振宇认为，社群经济的底层密码就是让一群协作成本更低、兴趣点更相同的人结合在一起，共同抓住这个时代赋予我们的机会，打造所有会员为所有用户服务的众筹平台。

网络社区是一个塑造社群情感的良好选择，一个有效选择是，用微信服务号建设一个微社区。当然，自建一个官网论坛或社区，也是一个选择。然后要锁定一个小圈子，吸引铁杆粉丝，逐步积累粉丝。

一个典型的社群成员成长轨迹是：发现、注册成为一个网络社群成员，“潜水”一段时间学习；熟悉社群的风格，习惯开始积极参与社群活动；经过一段时间的参与和奉献，网络社群生活变成常态化；如果极度专注，有可能成为网络社群的领导，获得网络上的地位；因时间、兴趣或其他原因逐渐远离某个社群，“迁徙”到其他社群部落。比如小米手机把用户定位于发烧友的圈子，乐视电视把铁杆粉丝定位于追求生活品质的年轻一代达人。企业在吸引粉丝过程中，社区创始人可以从自己亲人、朋友、同事等熟人圈子先开始，逐步扩展，最后把雪球滚大。建立社区跟滚雪球一个道理，初始圈子的质量和创始人的影响力，决定未来着粉丝团的质量和数量。小米社区如此成功，与雷军在互联网圈内多年积累的人脉和影响力息息相关，同时小米手机针对粉丝团的发烧友定位，也极大地加强了粉丝凝聚力。

案例 知乎的魅力到底在哪儿？

知乎是一个真实的网络问答社区，社区氛围友好、理性、认真，连接各行各业的精英。他们分享着彼此的专业知识、经验和见解，为中文互联网源源不断地提供高质量的信息。知乎网站 2010 年 12 月开放，3 个月后便获得了李开复的天使投资，一年后获得启明创投的近千万美元。2013 年 3 月，知乎由邀请制注册转变为开放注册，用户数量迅速由 40 万攀升至 400 万。

知乎不但用户增长迅速，而且用户黏性也极高。用用户的话说：“看知乎，会上瘾的。”知乎的魅力在哪儿？一女性网友因不满男朋友约会不停看知乎，在知乎上提出“知乎的魅力到底在哪儿”的疑问，该问题得到了 10 个回答，297 个关注；网友 GayScript 的“我出书了”的回答得到了 258 个人的认同。

GayScript，我出书了：douban.com/note/4706773...
258
鱼塘村村长、大地之子、王若煦 等人赞同
知乎的魅力在于：发现更大的世界。这是我花很长时间整理的，希望你能因此了解知乎。

在知乎，你可以看到三百六十行。

1. 语言：为什么很多汉语用词都以「子」作为后缀，如桌子、凳子、瓶子，这是怎么来的，有什么演变历程？
2. 音乐：如何评价《甄嬛传》的片尾曲《凤凰于飞》？
3. 法律：华裔罗姓男子因持有 800 部重口 A 片被英国警方拘捕，触犯的是什么法律？
4. 财经：钻石真的是 20 世纪全球最精彩的营销骗局吗？真的没有价值？
5. 产品：豆瓣、果壳、点点是怎样解决冷启动的问题的？如果是你来运营一个刚出生的产品，会怎么做呢？
6. 安全：因为骨折而被打入钢钉的人，是怎么通过机场或过境安检的？
7. 电商：凡客有十几亿死库存是真的吗？什么原因会造成如此高的死库存？
8. 中医：中医为什么会衰落？
9. 历史：历史上有哪些疑似穿越者？理由是什么？
10. 动物：熊猫吃素为什么还这么肥呢？
11. 物理：宇宙是怎么形成的？如果支持爆炸论学说，星球之间怎么可能形成这么有规律的运转？

图 2－14　知乎问题回答截图

在知乎上，还有“对你而言，知乎的魅力在哪里”的提问，同样得到了网友的积极参与。

同样，知乎上还有“知乎靠什么保证对用户的黏性”“知乎是如何保持如此好的用户黏性的”等类似问题。作为一名重度知乎迷，我想说知乎的黏性在于：良师益友。在知乎上可以看到有质量的内容，交到志同道合的朋友，还能激励自己持续学习与思考。

（三）运营企业社群的最高境界：自媒体社群

第一代互联网媒体是 Web1.0 网站，从 1997 年中国互联网正式进入商业时代，到 2002 年这段时间，代表有新浪、搜狐、网易等门户网站。第二代互联网媒体是 Web2.0 网站，以用户生产内容（UGC）方式，实现信息创造与消费一体化。从博客网站开始，SNS网站与RSS订阅、QQ空间、开心网、人人网、优酷、土豆等纷纷登场。第三代互联网媒体是自媒体（We Media）。以微信公众账号、微博大V开始流行而起，自媒体营销平台有：微信公众账号、新浪微博、QQ空间、百度贴吧等，移动自媒体平台有今日头条、商业科技BizTech等。

在碎片化的移动互联时代，使用频率高且具有用户黏性的产品，就可以开设订阅号做自媒体。一家公司从建设官网、开通博客、编辑百科词条、与用户问答互动，再到SNS社交媒体、电子商务，以及到玩官方微博、微信公众平台、开发移动App，已远远超越过去时代的企业信息发布与传播渠道。以前企业仅仅是在传统广告或报刊杂志露脸，而现在每一个企业都可以建立一个庞大的信息发布与传播渠道，你无法不称之为一个媒体，一个非常特殊的媒体，因为它是记者获得企业一手信息之源。如果一家企业有什么事发生，那么人们第一时间看的不是媒体和记者个人发的新闻，而是该公司官方微博和微信。这就是企业自媒体的力量。

从小米的自媒体成功运营经验来看，企业运营自媒体要注意如下特点：

（1）如果企业要做自媒体，应该提到公司的战略层面，要把自媒体当作主战场，而非浅尝辄止。

（2）一开始就提自媒体营销是错误的，只能先做服务，再借势做营销。将公司想要传达的理念、塑造的品牌和获得的定位，以符合传播与认知规律的方式进行包装，再利用微博、微信、社交网络等进行自主传播。

（3）每天都要上头条，要跟踪热点、追踪热点，进行信息整合。

（4）让员工成为粉丝，让粉丝成为员工。

（5）企业如果要做自媒体，做自媒体的部门应该是一个创意与传播部门。不应该有所谓的 KPI 考核，制定不需要以铺稿量、曝光数甚至百度指数为衡量指标，而应该是以传播内容创意性及口碑来衡量好坏。

自媒体是一种全新网络媒体，企业要塑造自媒体，并非一件轻而易举的事。真正的企业自媒体，首先要有一个体系，整个自媒体由一个矩阵形成，总体上可以由微信订阅号、企业官方微博、企业官方博客、企业 QQ 空间、企业百度贴吧、企业在线论坛社区、移动微社区共同组成，才能真正覆盖到所有粉丝用户群体。而这样的布局，最后将形成一种互联网部落化用户社群。

比如罗辑思维自媒体社群就是如此，它是在互联网时代背景下衍生的一种部落化形态下的经济现象，罗辑思维是最早的定义者和实践者，也是目前社群自组织体中规模最大的，它是取代传统的 VIP 客户体系的全新用户体系结构。

案例解析 罗辑思维如何做自媒体

自媒体应该如何运营呢？罗辑思维第一次 5 小时售卖会员资格，5 小时内筹集到 160 万元；第二次 24 小时筹集到 800 万元！成了看得见的 2013 变现最成功的自媒体。罗辑思维总结了 6 条成功经验：

（1）做自媒体一定要不靠谱，在自媒体上，你千万不能太端庄，要有一点邪恶。端庄就是“端着装”，自媒体不怕被骂，就怕被嫌弃。目前很多企业微博就犯了“靠谱”的毛病。

（2）一定要有极客的精神，罗振宇举例说，逻辑思维的语音他每次都会录到 60 秒，完全是靠他一次一次的尝试，有时，早上的一个录音最多要录几十次。而之所以让录音准确到 60 秒，完全是他自己的一种处女座式的“强迫症”。

（3）一定要看不起人，做自媒体一定要自恋。你得真正发自内心地自恋才能有自我。按照罗振宇的说法，他就是这么自恋的。他经常在视频和语音中说道："如果你不想听我说话，那就不要听。"

（4）打造魅力人格体，占有互联网世界中的稀缺物资。打造自媒体，就是要打造自己的魅力人格体。上述三点基本上概括了魅力人格体的三要素。

（5）做自媒体要去组织化。小米为什么那么成功？是因为它重构了组织，小米有跨组织边界的米粉，小米内部层级只有两级：创始人级别和员工级别。这样强大的组织力，传统企业如何能干得过？同样的，传统媒体庞大的组织体系如何能干得过拥有外部组织的自媒体？

（6）自媒体不需要定位，自媒体的魅力就在于不确定性。罗辑思维从来没有定位，用户不知道明天会是什么样的内容。相比而言，目前那些将自己规定在特定领域的自媒体，混得都不怎么好。

企业做自媒体一定是一种传播创新，而不是营销，更不是头脑发热要创收。如果不知道自己的特长是什么，自己的目标客户是谁，下场只有一个，那就是死得很惨。

五、场景：创造连接的场所

（一）什么是场景营销

传统意义上，场景存在于电影中，即电影通过拍摄场所形成的特定情节下的场所及角色在场所中的言行动作，以及与之相配的周围景色。我们看电影时候，往往都忘记主角是谁了，但是一些场景却历历在目。

为什么会如此？那是因为人心理的代入感。

场景营销在过去就存在，比如星巴克的第三空间的塑造，其实就是一种场景营销。而在“互联网 +”时代，场景营销并不仅指线下的场所，也可以通过网络社区或平台营销一个网上场景，比如微信的春节抢红包。无论是建设一个线下场所，还是塑造一个网络社区空间，实质都是在营造一个场景来积聚用户人群，形成场景的连接与营销。

那么场景营销究竟是如何发生的呢？那是因为人会创造与场景相关的心智模型（Mental Model）。

假设你从来没有见过 iPad，而我刚递给你一台并告诉你，它可以用来看书，在你打开 iPad 前，你头脑里会有一个在 iPad 上如何阅读的模型。你会假想书是如何在 iPad 屏幕上呈现的，你可以在上面做什么，翻页，或使用书签，以及大致如何看书。即使你从来没有使用过 iPad，但你也有一个用 iPad 看书的心智模型。心智模型就是一个人对某事物运作方式的思维过程，一个人对周围世界的理解。它的基础是不完整的现实、过去的经验，甚至直觉感知。它有助于形成人的动作和行为，影响人在复杂情况下的关注点，并决定人们如何着手解决问题。

而要让消费者对于某个场所形成心智模型，就要让企业所塑造的场景，深入消费者的心智中，通过体验、参与等活动，获得相关的场景概念，形成消费者自己的心智模型。

场景的概念模型就是真实的产品设计与界面所传达给用户的真实模型。场景营销就是要让概念模型成为消费者的心智模型。企业想输出的场景概念模型，一般有具体的场所，大多会基于场所的用户体验形成自己的心智模型。

如果场景所提供的概念模型，根本没有成为消费者的心智模型，那么这个场景营销是完全不成功的，也是不能被消费者记住的。场景则是由企业所营造的场所中的人物与特定行为构成的可识别符号，这个符号与消费者心智模型一致的时候，场景营销就开始起作用了，企业就可以运用这个场景长期而持续地连接消费人群。

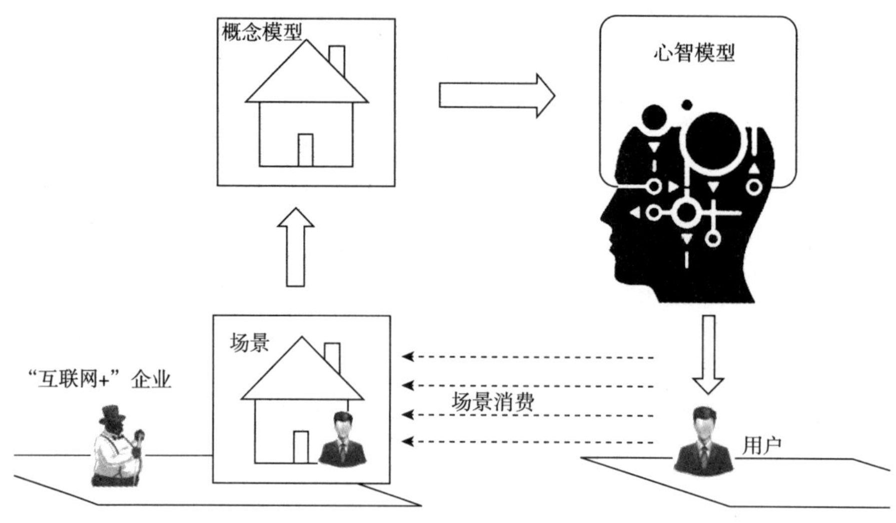

图 2-16　场景营销的要素

2014 年春节微信红包一炮而红。从除夕到正月初八，带动 800 万用户参与抢红包活动，微信一夜之间干了支付宝干了 8 年的事情，马云也在事后称微信搞了一次很漂亮的"珍珠港偷袭"。2015 年春节，22 点半央视春晚送出微信红包 1.2 亿个，直接将阿里巴巴的支付宝红包拉出了一个世纪的距离。移动互联网支付让 PC 支付成了化石！一家男女老少围坐拿着手机摇不停的大年三十，成了除夕夜的独特风景。这就是微信支付的胜利。微信 2 亿用户，30% 的人发 100 元红包，共形成 60 亿的资金流动，延期一天支付，民间借贷目前月息 2%，每天收益率约为万分之七，每天沉淀资金的保守收益为 420 万元，若 30% 的用户没有选择领取现金，那么其账户可以产生 18 亿的现金沉淀，无利息。

这也意味着，中国的互联网的竞争正式进入场景营销的时代！

（二）星巴克的场景营销

场景营销可以起到产品或社群营销所没有的影响力，即提供给用户强烈的体验感与参与感。场景可以是一种门店消费状态，也可以是一个O2O场景应用，它异化成一种生活方式，一种生活姿态。但场景营销并非今天才出现，在互联网时代以前就已经出现了。

星巴克在20世纪70年代推出的“第三空间”概念，是星巴克董事长霍华德·舒尔茨的一个创举。1971年星巴克在纽约起家时，舒尔茨为星巴克找到了一种模式：把星巴克打造成家庭和办公室之外的第三空间。舒尔茨在接受媒体采访时表示，星巴克的核心业务并不是咖啡，而是在全世界各个地方创造一种环境和场所。在这个新空间里，人们背靠舒适的椅子，桌上放上一杯咖啡，坐在弥漫着新鲜咖啡豆的香味的屋子里消磨时光。凭借这个创意，舒尔茨不仅改变了许多美国人在自家厨房里煮咖啡的传统习惯，同时也建立了他的星巴克商业帝国。

“在星巴克的咖啡馆里，你突然抬头间，可以看见一位位优雅的女子，正捧起刚上的杯子，闻着咖啡香，然后吹开咖啡油轻啜一小口，品着原味，随后再加入糖、奶，并将匙立于咖啡杯中央，先顺时针由内向外划圈，至杯壁再由外向内逆时针划圈至中央……时光也在这样优雅的滑动中静止。”

“在阳光灿烂的午后，我总想喝一杯咖啡。而我是一个爱美式咖啡的人，爱它的时尚随意，尤其爱捧一个大大的瓷光可鉴的马克杯喝咖啡的滋味。一杯香浓的摩卡+一本古典名著+一支舒缓的钢琴曲；一杯风情万种的卡布奇诺+一本时尚杂志+一支流行歌曲，不同的文化氛围，由不同的咖啡赋予。”

……

这就是星巴克创造的场景，这个场景被星巴克发展成了一种世界性的生活方式。

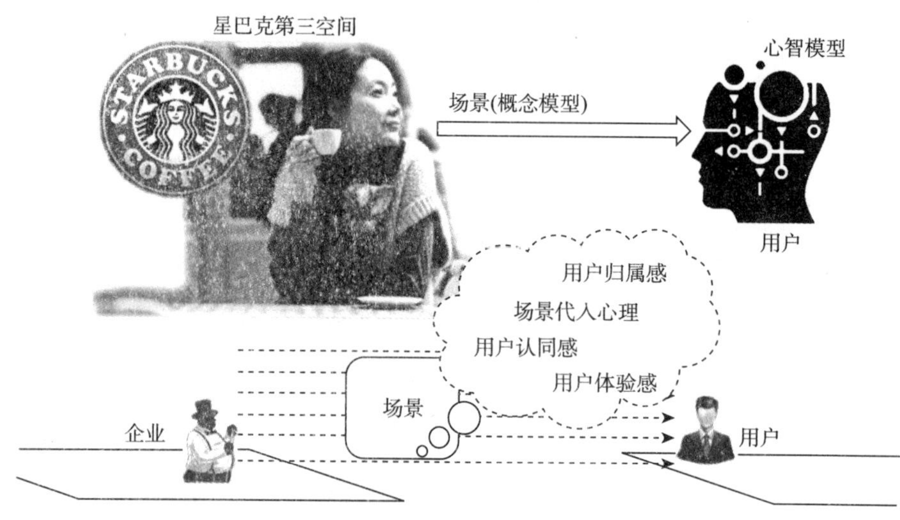

图 2－17　星巴克的场景营销

2008 年发展到一定规模的星巴克遇到了瓶颈：经济形势不佳，竞争对手强大，营销增长呈下降趋势，危机重重。霍华德·舒尔茨重新成为 CEO，确定实施数字化、网络化战略，打算依靠互联网创造出“第四空间”，依托互联网，走出场景营销的新路。激情澎湃的舒尔茨不负众望，他带来了新的发展路线——顾客想去哪里，星巴克就要去哪里。“我们不仅要在星巴克门店的四堵墙以内有所作为，而且必须在移动平台和社交媒体上面有所作为。向顾客提供星巴克体验时，不仅仅是在星巴克的物理空间里面，我们希望将它延展到数字空间，包括移动平台，创造一个第四空间的场景。”

星巴克砸重金于数字网络的发展，进行移动端付费改造，开展社交网络营销，借此与顾客的步调保持一致。在顾客的推动下，拥抱数字化、依靠互联网创造的第四空间，这些调整取得了显著的成绩。星巴克的投资得到了很好的回报，并且一跃成为传统企业进行互联网改造的领头羊，星巴克因此保持住了线上线下持续增长的势头，成为全球最受顾客欢迎的食品公司之一。

星巴克率先设立了一个叫作 CDO 即公司首席数字官的职位。CDO 会在数字技术日新月异的形势下，选择那些连接消费者、与消费者互动的领域，团队会关注这些领域中的新鲜事物，并将它们融入星巴克客户体验中。在第三空间的基础上，制造出更大的第四空间。

为此，主管星巴克网络数字化战略的是 CEO + CDO + CIO 领导小组，后二者制定具体策略和实施计划，定期举行头脑风暴，每季度一次，有时每月不定期一次。他们寻找为消费者和合作伙伴创造新奇体验的机会，并与门店经理们交流，了解他们与消费者、合作伙伴的互动情况，改良数字及网络技术，以帮助他们减少摩擦，优化整个“互联网 + 第三空间”的场景。

同时，舒尔茨还确立了“互联网 +”为特征的数字战略的电子商务和移动付费、社交网络与数字化营销。其目的就是迅速占领数字化制高点，在众多的竞争对手中脱颖而出。在此方面，星巴克聚焦手机开展场景连接，在保持现有经营模式的同时，通过手机扩展与顾客沟通的数字接触点。

数据显示，使用手机进行移动支付能够节省信用卡刷卡时间并降低交易费用。移动支付平均只需花费 6 秒，比在柜台刷卡交易节省时间近 2/3。快捷支付对零售行业来说极为重要，它不仅能避免顾客在排长队时失去耐心、放弃购物，还能带动更多的产品销售。

事实上，星巴克的顾客在使用手机进行移动支付时，的确愿意花更多的钱，因为移动支付的快捷性常能引发额外的购物冲动。为此，星巴克与科技公司 Square 合作，设计出了一种既具综合性又操作简便的移动付费和社交应用程序，供安卓或苹果手机用户使用。而二维码技术又为星巴克移动付费提供了保障，星巴克因此对公司的 POS 系统进行了大规模的升级改造，购买二维码扫描仪，将它与 POS 系统组装在一起。

如果顾客欲简化支付程序，只要点击“一键付款”，然后把手机交给星巴克店员扫描一下即可。除了付款更加简便外，顾客还可查询购买记录，跟踪相关的优惠信息，并通过移动信箱接受信息、了解食物和饮品情况、选择电子礼物等。在星巴克与 Square 公司宣布合作后仅 3 个月，手机钱包支付系统就上线了，并在美国的近万家星巴克门店最先使用。

为了鼓励顾客使用手机钱包，星巴克设计了一些小优惠，例如发送短信发票等。星巴克将顾客住址附近凡是使用 Square 手机钱包的商家统一列入一个名单，这样形成了一个良性循环，手机钱包很快在美国成为一种新的付款方式。

现如今，星巴克不仅成为美国移动支付规模最大的零售公司，其在 Twitter、Facebook、Pinterest 等社交媒体上也是最受欢迎的食品公司。

在中国，星巴克的“第四空间”通过手机 APP 以及以微博、微信为主的各类社交媒体和消费者连接的平台，坐拥 200 多万粉丝，在中国的门店数目多达 1200 个，并且以每 18 小时新开一间门店的速度迅速扩张。目前，中国已超过日本成为星巴克最大的海外市场。今天，星巴克已经不再只是一个品牌，也不再只是囿于实体店消费的公司，正如星巴克重新设计的标志所显示的一样，迷人的女妖已经从束缚她的围栏中解放出来，星巴克与顾客联系也已经进入了“第四空间”，“互联网 + 第三空间”促成了星巴克的场景营销一次质的升级。

（三）57℃湘的餐厅场景营销

2004 年 2 月 19 日，湖南好食上餐饮管理有限公司成立。2009 年，主打中式铁板烧的 57°C 湘铁板烧在长沙精彩亮相。至此，以 57°C 湘为主要品牌的餐饮场景拉开了序幕。2009 年 12 月，吉尼斯机构颁发给 57°C 湘芙蓉店“世界上经营面积最大的铁板烧餐厅”认证。上海 57℃湘无限度店成为上海最大的铁板烧餐厅。

2010 年公司股改，成立长沙 57℃湘餐饮管理有限公司，好食上、海食上、57℃湘、我爱鱼头等品牌归属于新公司门下。2011 年，长沙 57°C 湘调整发展战略，走出湖南，57°C 湘铁板烧和我爱鱼头进入上海开拓市场。邵庆宏作为整个集团主管出品与技术的副总经理，是这些品牌产品的灵魂人物。从上海水货餐厅开始，以邵庆宏为首的 57℃湘团队开始一手打造创新型的餐饮新业态新品牌，“我们所有餐厅从就餐到打造新的业态跟传统餐饮不一样，才能比较容易脱颖而出。”作为新生代餐饮的领跑者，玩的是场景营销，玩的是体验式餐饮，专门针对最年轻的人群，让他们在这里不仅仅是享受餐饮，而且能获得一种前所未有的体验，同时脑子里只记得这样的场景。

1. 水货”海鲜餐厅

57℃湘先后推出了“水货”与“小猪猪”两种场景营销的餐厅模式。

水货（SEAHOOD）餐厅以各类虾、蟹等海鲜为主打菜品，各类美式口味的小食和新鲜进口扎啤，完全创新的用餐形式，独特的氛围与布局，海洋、沙滩美式风潮，必将带给顾客差异化的体验。

水货餐厅通过创新的用餐形式来提供海鲜餐饮，然后用独特的内部装饰和热情动感的员工，为前来就餐的顾客提供了别样的用餐感受。制造了与传统海鲜餐厅完全不同的场景与感受。基本上可以这么说，如果一个传统的海鲜大排档食客进入水货餐厅，会直接就蒙了，因为他们根本想不到这会是一家海鲜餐厅！完全是一家提供非常有情调的烛光晚餐一样的餐厅。一不注意，还以为是到了一家年轻人的小酒吧。

继水货餐厅之后，57°C 湘餐饮连锁机构又推出了餐饮新品牌“小猪猪”。在小猪猪餐厅一落座，一位身高一米八的大帅哥穿着小猪猪 T 恤马上欢快地给你菜单，放下小菜，等候着你点菜，想吃什么直接用便签条贴在菜名上。

“小猪猪”的肉是专门定制的去皮去骨的五花肉。将排骨抽出来，保留肉，因为排骨肉是最鲜最嫩的。同时对于烤肉片的切割，统一要求长度 22 厘米，宽 4.5 厘米，厚度 0.8 厘米，全部都是由中央厨房切配好冷链配送。

在烧烤上制定的烧烤标准，要求五花肉烤熟，两面焦黄。在等待烤肉的过程中，服务员还会拿出秘密武器——测温枪，测量了烤肉石板表面温度，达到 280℃后开才开始烤，中途又喷入新鲜柠檬汁。整个工序极为严谨，完全是数字化流程操作，一道简单的烤五花肉如同在解一个数学题，让观者感到震撼。

2015 年小猪猪在深圳著名的 COCO Park 购物中心开张新店，在餐饮业总体不景气的环境中，“小猪猪”开了上海五角场店、杭州湖滨银泰店，很快在长沙五一广场 7up 购物中心开了长沙分店。2015 年 3 月，在深圳著名的 COCO Park 购物中心开深圳店，以场景营销与体验式营销相结合，“小猪猪”餐厅掀起了一次新一代创新餐饮风暴，并开始了扩张之路。

图2－18　小猪猪烤肉餐厅的场景

第三章

互联网转型“落地点”

中国的互联网时代，起步阶段是互联网的产业化时期，那么现在就是传统行业的互联网化时期。2015 年 3 月的两会上，李克强总理正式提出“互联网 +”行动计划，提出“以互联网为载体、线上线下互动的新兴消费”。以互联网为载体，就标志着互联网将成为一个最重要的业务引流模式及营销渠道。

因此，传统企业要找到一条适合自己的互联网转型路径。首先要找到正确的切入点，这也是企业互联网转型的重要战术选择。

切入点有三个，其实是三个方向，它们是产品、社群或场景。传统企业在互联网思维的指导下，运用产品，运用社群，或者运用场景或场所，成功实现互联网转型，用连接替代了营销，真正实现企业的“互联网 +”的产业变革。企业通过各种产品、服务连接自己的用户群体，或像罗辑思维，或 57°C 湘一样塑造场景。这些都只是连接用户的一种纽带，能够持续地为企业带来用户，但不能保证用户不会流失，比如被竞争对手抢夺，或者因为产品技术落后而被用户放弃。

这些切入点，都有一个共同的特征，就是具有极强的用户黏性，能够创造强有力的连接。

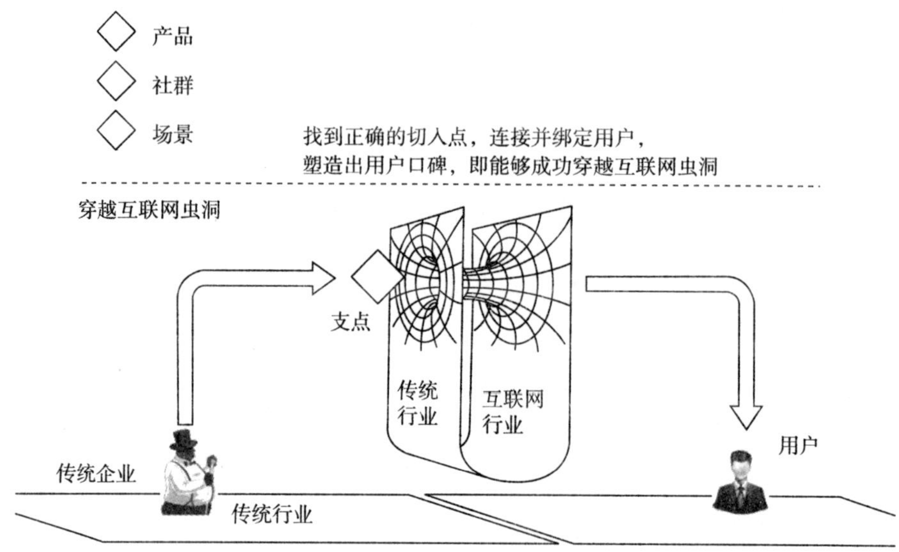

图 3－1　穿越互联网黑洞的切入点

一、网络流量带来交易

（一）什么是流量思维

流量思维是要猎取用户浏览量与转发率，同时网站提供优质服务，这更是一种用户浏览习惯的培养。需要长期运营，对用户行为习惯进行深入研究，日积月累。流量从互联网一诞生就有了，流量是衡量互联网运营的标准之一，整个互联网的流量主要从浏览器、搜索引擎、导航网站、桌面客户端（QQ、360 安全卫士、视频客户端等）、收藏夹、网站链接而来，其中搜索引擎、导航网站、桌面客户端占据主要流量。

在这些管道之外，流量少且难汇集，除非是依靠互联网创新精神，将吸引新的流量资源的应用或网站开发出来，从 Yahoo 邮箱到 Google 搜索，再到 Twitter 社交，从 QQ 到 360 客户端，流量以各种形式存在，创造多种信息方式。流量是互联网的第一生存要素，基于互联网的项目，有再好的产品和模式，如果没有流量，在互联网也无法生存。如今的互联网企业充分认识到流量资源的重要性，基本上一个新的流量源头被开发出来之后，都会很快地促使一个公司成为行业内的佼佼者。这个公司或者是因为实力雄厚而进行多种试错后掌握了流量入口的传统大公司，或者是因为某个创新点的实践被资本看好而崛起的新公司。

图 3－2　网络流量的分布

互联网上众多商业模式都与网络流量有关，本质就是把流量转化为收入。流量交易是互联网上最早的商业模式，而流量生意发展至今，网络流量的本质一是吸引力，即点击数（PV 或 IP），这是眼球经济，追求高点击率；二是传播力，即创造连接数，就是网站链接的高转发率。流量思维要求我们能够认清自己所处行业的流量来源，知道如何获取大流量，以及如何通过大流量掌握快速发展的秘诀。

（二）全网流量规律：互联网长尾

长尾理论是基于流量思维的一种理论，由于成本和效率因素，当商品储存流通展示的场地和渠道足够宽广，比如互联网将地球变平了，理论上可以让全球消费者都可以在同一个时空同时下单购买，商品销售成本急剧降低。这时候，商品生产成本再急剧下降以至于个人都可以进行生产，几乎任何以前看似需求极低的产品，只要有人卖，就会有人买，同时也能买得到。这些需求和销量不高的产品所占据的市场份额总量，可以和主流产品的市场份额相比，甚至更大。

eCast 首席执行官范·阿迪布从数字音乐点唱数字统计中发现了一个秘密：听众对 98% 的非热门音乐有着无限的需求，非热门的音乐集合市场无比巨大，无边无际。听众几乎盯着所有的东西！他把这称为“98 法则”。

克里斯·安德森，美国《连线》杂志主编，喜欢从数字中发现趋势。意识到阿迪布那个有悖常识的“98 法则”，隐含着一个强大的真理。于是，他系统研究了亚马逊、狂想曲公司、Blog、Google、eBay、Netflix 等互联网零售商的销售数据，并与沃尔玛等传统零售商的销售数据进行了对比，观察到一种符合统计规律（大数定律）的现象。这种现象恰如以数量、品种二维坐标上的一条需求曲线，拖着长长的尾巴，向代表“品种”的横轴尽头延伸，长尾由此得名。

举例来说，一家传统大型书店通常可摆放 10 万本书，主要销售约 2 万本书，但亚马逊网络书店的图书销售目录中，至少可以放上 100 万～200万本书，而在亚马逊网络书店销售额中，有 1/4 或近 1/2 的书来自排名 10 万以后的书籍。

Google AdSense、Amazon、Itune 都是长尾理论的优秀案例。Google 是一个最典型的“长尾”公司，其成长历程就是把广告商和出版商的“长尾”商业化的过程。以占据了 Google 半壁江山的 AdSense 为例，它面向的客户是数以百万计的中小型网站和个人，对于普通媒体和广告商而言，这个群体的价值微小得简直不值一提，但是 Google 通过为其提供个性化定制的广告服务，将这些数量众多的群体汇集起来，形成了非常可观的经济利润。据报道，Google 的市值已超过 2100 亿美元，被认为是最有价值的媒体公司，远远超过了那些传统的老牌传媒。根据长尾理论，网站可以通过增加足够多的内容与数据，获得各种长尾用户的点击流量。

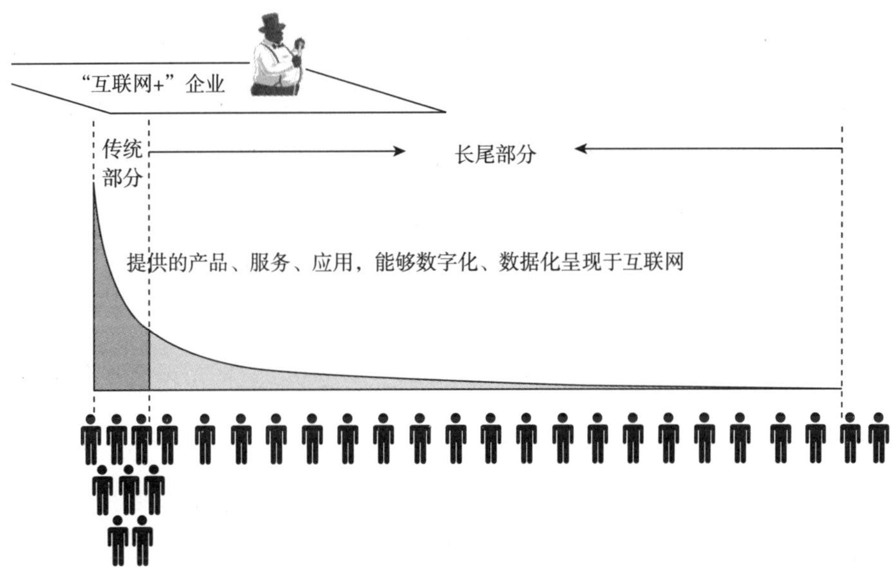

图 3-3　互联网长尾规律

（三）电子商务流量规律：爆款规律与漩涡理论

1. 爆款规律

爆款是指在淘宝网店的商品销售中，通过营销手法打造的供不应求且销售量很高的单品。销量很大，人气很高，能够引来大量的淘宝网流量。一个淘宝网店的巨额销售量甚至可以由一两款爆款产品就支撑起来。

淘宝网爆款出现的原因，是淘宝买家的从众心理，即消费者的羊群效应。在网购的环境下，商品的展示只是给消费者一种视觉或者听觉上的展示，并不像传统的买卖活动那样，消费者可以接触到实物，然后判断其好坏。这样，买家可以获得的商品实际销售现状信息就相对较少，很大一部分都是根据商品的描述和产品图片。但是由于很多商品的描述和展示的图片大同小异，所以在相比之下，买家更倾向于听取第三方的意见，因为之前购买并使用过此商品的人们的评价是最中肯的。故此，有更多人购买和更多人评价的商品往往会得到消费者的青睐，从而进一步地提升销量，慢慢成为爆款。

显然，爆款是典型的口碑营销的结果。一款商品形成爆款主要分为四个时期。

一是导入期。即商品刚上架的时期，这个时候是很重要的一个时期，并不需要很大的投入来刺激流量，只需保持基本的流量即可。这个阶段是用来检验此商品是否能被消费者接受，是否可以用来做爆款商品的时期，如果在这个时期的转化率高，则代表在接下来引入大量流量的时候，此商品的销售转化将非常好，适合打造爆款。

二是成长期。在这个时期，卖家可以加大对此商品的推广力度，增加在营销工具上的投入，同时还要观察商品是否值得巨大的投入。这个阶段是商品流量和成交量增长最快的时期，可以使用例如直通车这样性价比高、见效快的营销推广工具。商品能不能成为爆款，就取决于卖家们在成长期的操作。

三是成熟期。当商品在成长期中获得大量的成交之后，淘宝系统将会自动判定这是热销宝贝，同时我们的运营小二也会注意到此商品。在这个环境里，卖家应该使自己的推广力度和投入达到顶峰，在加大对流量的推送的时候，也要留意一些活动，尽可能地参加淘宝组织的一些活动，引入更多额外流量，同时促进关联销售。

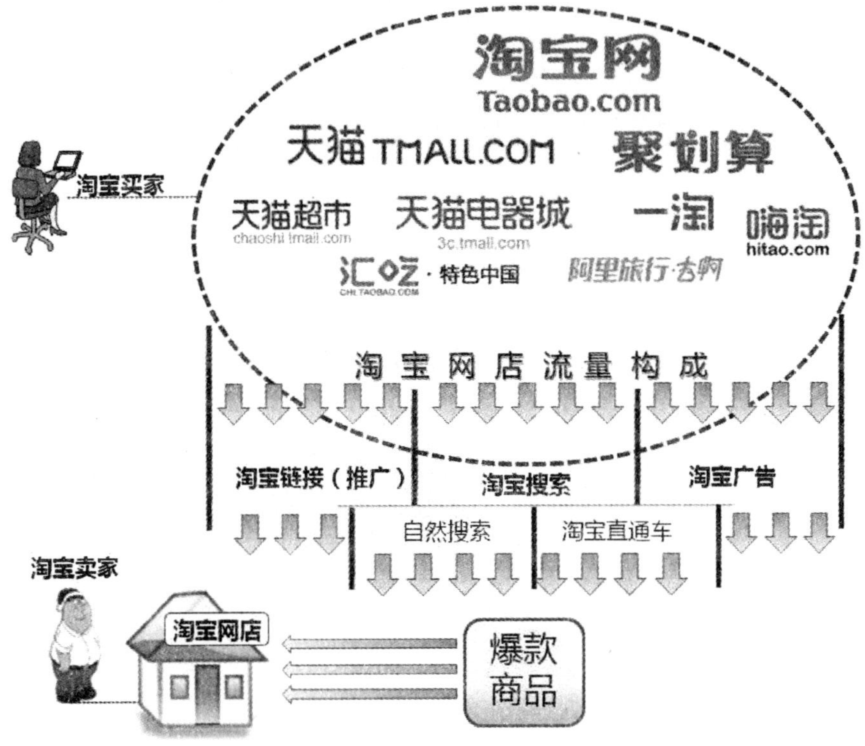

图3－4　淘宝爆款规律

四是衰退期。在大势期接近尾声的时候，爆款商品的成交量已经开始逐渐下降，在推广力度和投入稳定的情况下，流量也开始下滑，这就证明这款商品已经过时，到达衰退期。这个时候应该减少在此商品上的推广投入，开始想办法做关联销售，让顾客们充分了解自己的店铺，留住回头客。

2. 漩涡理论

众所周知，中国的互联网环境完全不同于国外，具有中国自己的特色，因此中国的网购环境也完全不同于国外，所以，在电子商务流量的构成结构上，中国网购环境中已经形成两个非常大的流量漩涡，能够吸引巨大的互联网网购的自然流量。其他任何在中国的电商公司都无法抗拒，这也就是为什么当当网站要加入天猫开店，全球最大的电商公司之一的亚马逊也要加入天猫开店的原因。

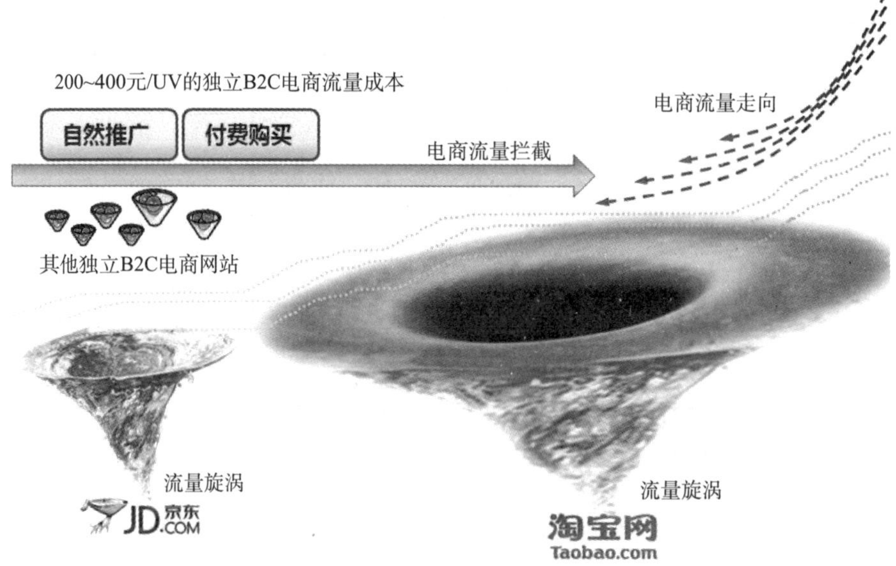

图 3－5　漩涡理论

因为在中国，淘宝曾成为电子商务、网购的代名词，吸引了中国最庞大的网购人群，所以淘宝网就是最大的一个网购电商漩涡。这个漩涡依靠自身巨大的吸引力，将大量的电商流量吸引至淘宝网内，形成庞大的网购流量。在封闭的淘宝网内，起作用的是爆款规律而非长尾规律，因为长尾规律主要是基于开放式的互联网环境及全网搜索引擎应用，而这两点淘宝都不具备，它体系封闭，且排斥普通的互联网搜索引擎。

（四）流量思维：如何获取流量

传统企业开展网络营销引流，大部分只会三招：竞价排名、水军发帖、发小广告（邮件、论坛、分类信息、B2B、新闻、QQ、微博、微信等）。仅靠这三招收效肯定有限。比如搜索引擎竞价排名，第一页左部付费排名，最多只显示 10 个结果。如果一个行业全国有 100 家企业，其中只要有 30 家企业做竞价，都去抢第一页，竞争就会很激烈。但现实中很多企业这三招都没用对，导致花了不少时间和金钱，效果却不理想。一个每年投入几十万元做竞价排名的企业，整个公司没有人懂网络营销，部门管理者亲自出马，做的工作实际就是设置账户，甚至干脆让百度客服代劳。没有分析，没有思考，再加上由于工作岗位主要在于管理，也不可能专注，所以结果可想而知。

因此，有效获取流量，首先要明白流量有哪些主要获取方式，然后根据自己企业的实际情况来进行选择。

1. 全网流量获取

（1）搜索引擎营销

首先是搜索引擎优化 SEO，主要是关键词优化、数据优化、链接交换，这个需要寻找专业 SEO 公司，比如像全景世纪公司这样一类由网站建设起的公司，本身对网站建设技术功底深厚，对基于技术来进行SEO优化比较擅长。

其次是搜索引擎竞价排名，这个实际是一个关键词精准营销的管理工作。它涉及关键词设置的地域、时间、热度、转化率等，必须要对关键词库及关键词计划有专业的了解。

搜索引擎的联盟广告，一般是随着竞价排名一起投放，主要是根据企业所在行业来选择投放与否、投放比例。还有就是与搜索引擎有关的内容推广，比如各种百科词条、各种知道问答，以及百度文库、百度图片、百度视频一类，这些都是增加搜索结果时的展现量。

总体而言，做好上述三种搜索营销，是获取精准流量的最有效的也是最容易见效的。

（2）网络推广

通过在博客、论坛、社区进行内容推广，或者在SNS社会化媒体上进行推广，实质都是内容推广。通过创造有价值的内容，然后在各个站点投放，吸引用户浏览并点击，最终追溯到自身网站，带来流量。

这是基于传播结构变异的观点，即当前传播的价值在信息接收端，因此，为信息浏览者创造有价值的内容，浏览者将增加所传播的信息的价值量，即点击浏览、回复评论、转发链接。这样，网络流量将自然扩张，然后汇集到我们所要推广的网站。这是获取流量的重要方式，容易操作，但见效慢，持续时间较长。它需要运营者认真挖掘原创内容，同时需要运营者有足够的耐心，长期针对用户群体行为习惯进行深入研究。

（3）购买流量与链接

投放知名网站的网站广告，或者付费投放导航网站如360导航等；又或者投放PC桌面客户端软件，如QQ、风行、酷狗等；还有直接在一些新闻资讯、门户、社区、论坛网站进行网络新闻投放、付费软文营销推广；或者通过直接购买外链，等等，这些方式多种多样，目的都一样，就是短期内迅速引来流量。

这样的流量引入见效快，同时还能获得较多用户关注。但是不利因素也明显，就是非常考验网站自身运营能力与产品力。如果不能维护住客户关系，就是白白花钱。假如购买流量精确有效，但网站产品力、运营力不够，从长远看并不利，因为用户不会有黏性，流失是注定的。

比如曾经的团购第一网站拉手网的失败案例就是最好的例子。“拉手网”用大量广告买来了巨大的流量与庞大的用户，但是由于网站自身没有任何产品力，用户黏性非常小，因此广告一停，网站也就垮了。实际上它违背了营销的本质，营销的本质是连接，依靠广告创造的短期的交易，由于没有创造真正的连接，因此必然是无法持久的。

2. 淘宝流量获取

淘宝流量获取不同于互联网上的流量获取，淘宝是一个封闭的系统，其流量无论是来源于淘宝内还是淘宝外，都遵循淘宝平台的流量规律，一个店铺的自然流量与商业流量之间的比例一般为 70% 与 30%，商业流量会带动非商业流量健康增长，卖家可根据自己的店铺发展阶段调整比例。

（1）搜索引流

淘宝搜索引流，是淘宝网店流量的最主要来源方式。

首先是自然搜索，由宝贝的标题与关键词、图片质量、店铺信誉与评分决定。自然搜索流量主要来源于三个途径，即淘宝网站搜索，分别是淘宝网站首页及天猫商城首页搜索，主要有产品搜索、类目搜索、店铺搜索三种方式；还有一淘网站搜索，以及淘宝分享搜索或淘代码。

然后是付费搜索，它由搜索计划管理与 CPS 佣金比例决定，付费搜索流量主要来源于直通车与淘宝客CPS。

搜索引流实际上关键词是营销，一个大词就是一条商业街，要跻身于这条商业街上的较前排名中，需要自然搜索与付费搜索并重。自然搜索就是加强关键词优化，付费搜索是加强直通车计划管理与调整。

（2）社区软文引流

软文是相对于硬性广告而言，指由市场策划或广告文案人员负责撰写的文字广告。软文之所以叫作软文，精妙之处就在于“软”字，绵里藏针，收而不露。等到消费者发现是一篇软文时，已经掉入了被精心设计过的软文广告陷阱，从而实现产品的春风化雨、润物无声的传播效果。

淘宝引流的软文主要分两种，一种是情绪导向型软文，就是配合消费者的一种情感倾向来写广告软文，另一种就是专业咨询性软文，就是站在一个专业的产品消费顾问的角度，解释消费者的一些普遍疑问，或分析行业中的热点现象与问题。

社区软文引流也主要来源于两个方面，一是CPS类社区，包括淘宝客社区，以及独立的CPS站点，就是一些社区网站提供的CPS图片，可以通过CPS平台获得。二是免费社区，包括淘宝站内与淘宝网外的一些社区，还有就是自建社区或论坛，这个要量力而行。

（3）社区互动工具引流

这主要是指淘宝网社区的互动工具，一是淘宝官方的互动工具，如淘金币、淘女郎、淘画报，还有就是第三方公司提供的互动工具。

（4）硬广告引流

这个就是砸广告了，所要注意的是，网络广告能够测算投资回报率（ROI），所以可以根据转化率与投入产出比来投放控制，而传统广告，就只能作为一种品牌宣传或知名度传播了。

硬广引流分为三种方式：一是淘宝内的付费广告，包括钻石展位、首页焦点图、淘宝站内其他硬广；二是淘宝外互联网广告；三是淘宝外硬广告，包括楼宇分众传媒、户外广告、电视广告、平面纸媒广告、影院映前广告。但是，如果企业的网店销售没有上规模，在全网上没有一点影响力，投入淘宝外硬广告基本类同于烧钱。

（5）店铺直接访问引流

直接访问淘宝店铺链接，一般而言，这个是被动引流，就是品牌推广做到有影响力时，别人主动通过域名直接访问进来。还有就是通过活动让用户收藏店铺或收藏购物车，从网页标签中直接访问店铺。

至于想要主动引流，一般是可以通过交换链接，或者投放链接，或者推广链接的方式去引流，推广链接可以通过 QQ 群、旺旺群，或都投放在软文中。不过，这种方式过于直接，大多会被人直接踢出来。

（6）移动端引流

通过移动端引流，无论是智能手机还是平板电脑，主要是通过手机淘宝、店铺定制应用、其他 App 引流。手机淘宝目前已经占据淘宝网市场很大份额，因此，最重要的是要开通手机淘宝店。

以上就是淘宝引流的主要方式。一般大、中、小淘宝店铺，比较合理的流量比例是：自然流量 35% ~50%、直接点击流量 15% ~20%、直通车流量 35% ~40%、淘宝客流量 5% ~10%，其他少到忽略不计。这里没有包含钻展、硬广、活动的流量，因为这些使用得不多，也没有固定的频率，暂不统计。总体而言，淘宝网店目前比较靠谱的流量来源有活动流量、搜索流量、直接点击流量、硬广或钻展流量、直通车流量、淘宝客流量。

二、移动入口获得用户

（一）智能终端入口

随着移动电商的发展，5亿中国手机网民决定了移动终端成为营销必争之地。

移动互联网与传统PC互联网有明显的不同：一是屏幕区别，普通移动端屏幕远小于PC端，样式上也是多元化，并非是一个屏，可能会有手机屏、平板屏及其他可能的屏；二是位置问题，移动端顾名思义就是无线连接网络的，位置是不固定的，这样上网的环境与传统PC端在家庭、办公室、网吧、咖啡厅有极大不同；三是速度问题，由于流量的限制，清晰的大图很难实时更新，速度慢，消费者体验好感度差。因此，面对移动互联网，企业必须具备入口思维。移动互联网也有流量，但这个流量与使用终端有非常大的关系，移动互联网的终端为手机或平板，由于屏幕所局限，移动互联网的硬件终端、桌面App等都成为流量的入口。因此，占据这些入口就是占据了用户的移动互联网流量。移动互联网总体上有四大类入口，一是智能终端软硬件系统，二是应用分发平台或内容分发平台，三是内容，四是网络接入端。

移动智能终端硬件设备是主要入口，主要是由手机与平板组成。手机市场主要是由苹果手机、三星手机、小米手机、华为手机、魅族手机等占据；而平板市场主要由苹果iPad占据，少部分属于各种品牌的安卓Andriods平板，以及Windows Phone平板。在传统行业有着庞大会员用户的企业，如果对于用户的把控力强或用户体验能够做得足够好，就可以推出Andriods平板切入。如果推出手机占据市场入口，显然难度较大。

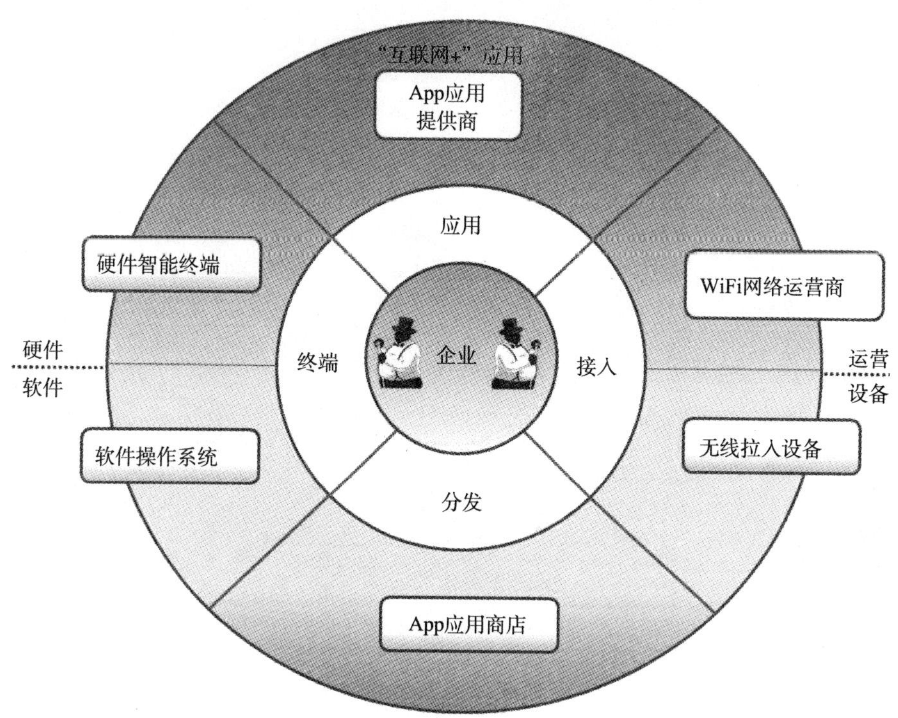

图3-6　四大移动入口

智能终端软件系统的技术含量较高，一般公司没有实力进入此领域。因此此领域入口主要为苹果IOS与谷歌Andriods所占据，除此外，还有在Andriods基础上进行二次开发深度优化的系统，如小米的MIUI系统，魅族MEIZHU系统，还有占据市场少量份额的微软Windows Phone系统、黑莓Blackberry操作系统。值得一提的是小米的MIUI系统，虽然基于谷歌Andriods ROM深度开发而成，但随着小米手机市场份额的不断增长，再加上小米在知识产权方面投入的增加，先从硬件CPU入手，再到软件操作系统，MIUI最后极有可能成为一个半独立的操作系统（兼容安卓Andriods），最终与IOS、Andriods三足鼎立。

不过大多数传统企业，都没有机会在此切入，智能手机今后的竞争

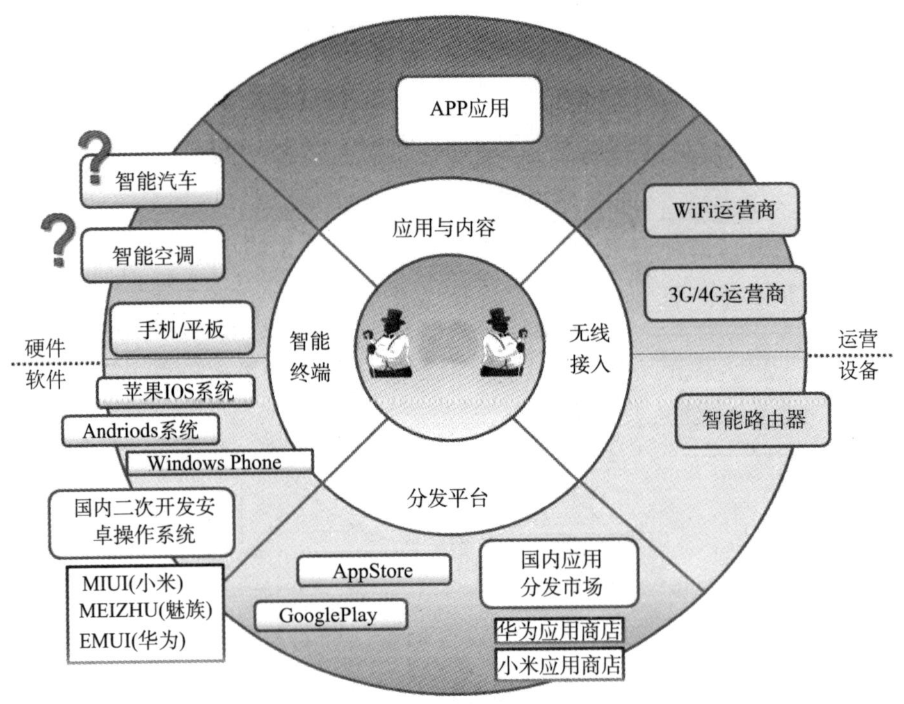

图3－7　移动入口之战

完全是一种生态的竞争，一个新进入的企业纯粹想依靠硬件去抢占市场、塑造品牌，基本上没有可能。甚至是格力电器这样的传统巨头，也只能是将手机当作空调的一个“遥控器”，买空调送手机，可以预见此手机的竞争力会如何。甚至BAT三巨头与360这样的大佬，也只能通过控股或参股已经成型的手机品牌，进入智能终端硬件入口。

未来是智能终端硬件入口的天下，国内厂商能够持续竞争占据一线地位的，只可能是华为、小米、魅族。罗永浩的锤子，如果傍上一个传统制造业巨头，也有可能挤入。而酷派、联想、中兴、步步高这些传统手机品牌，如果不从生态着手，市场将会逐渐被侵蚀，至于其他为做手机而做手机、狂砸广告的，最终将烟消云散。

在传统企业大众消费的智能终端没有机会，但在某些行业的特殊营销渠道却是有机会的，只要有专业的用户群体。比如江苏隆力奇生物科技股份有限公司，隆力奇是国内最大的日化企业之一，也是一家养生保健品直销企业，由于直销，隆力奇实质上已经建设了一个有着近200万名会员用户的人群、千万名以上的外围消费人群的保健品直销生态，因此，隆力奇公司推出了智能手机。这样的手机实际上是服务于隆力奇的直销体系的，因此有生存空间一点不奇怪。就像QQ虽然强大，但是淘宝网内的所有即时通讯软件首先还是淘宝旺旺，勉强能够挤进去的是YY语音，也不是QQ。因此，在传统企业自己已营造的传统商业生态下，在某些营销渠道环节推出智能终端设备，还是有着市场空间与商机的。

（二）应用商店入口

分发平台就是App应用商店。应用商店分国内外两种不同情况，国外只有苹果AppStore、安卓Google Play、微软应用商店等三家，国内则除了苹果与微软应用商店，还有豌豆荚、91无线、小米应用商店等上百家安卓应用商店。App应用商店在国外比较规范，主要是苹果的AppStore与谷歌公司的Google Play。苹果体系除了有AppStore应用商店，之前还有iTune应用商店（iPod使用）

但国内App应用商店市场就五花八门了。除了苹果的IOS系统上自家的AppStore，在Android操作系统就有成百上千家中文应用商店。主要有360手机助手、豌豆荚、安卓市场、百度手机助手、应用宝、91助手、安智市场、机锋市场、小米应用商店等。

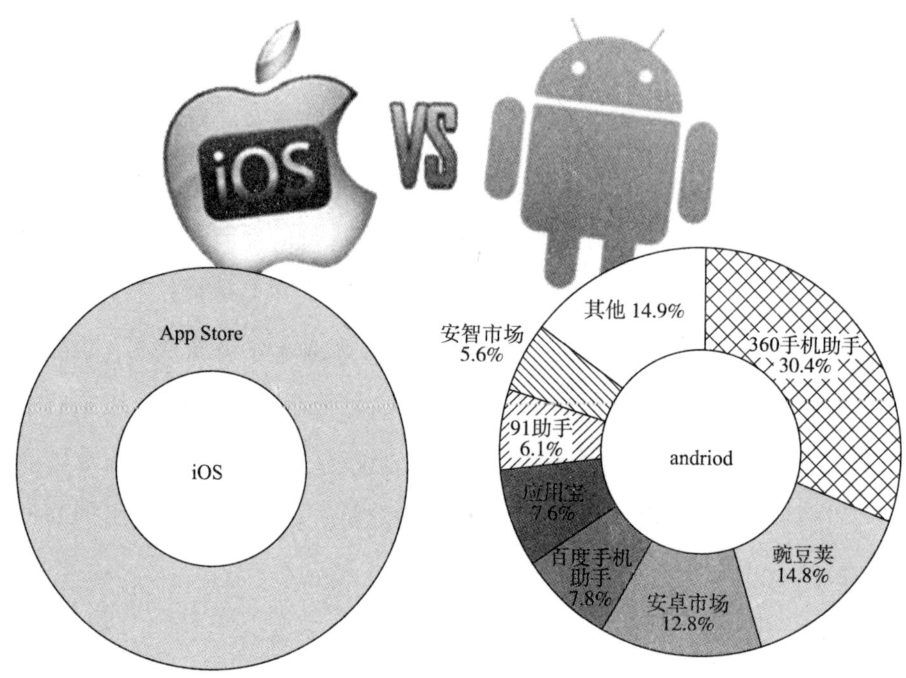

图 3－8　App 应用分发市场

在 2013 年最新排名中，360 手机助手最高，占比约 38.02%；91 助手其次，占比约 15.04%；豌豆荚第三，占比约 20.27%；百度手机助手第四，占比约 24.35%。企业要抢占移动互联网入口，除了要在苹果的 AppStore 上推广自己的应用外，还需要在 Andriods 系统的应用市场上推广自己的 App 应用。一般而言，在 App 应用分发商店这一入口上，市场竞争已经非常白热化，传统企业基本上没有可能进入此类“互联网 +”接触点的机会。

（三）移动应用 App 入口

App 应用是直接在手机上向消费者提供应用、内容、服务或相关商品的主要工具，主要有苹果 App 应用，安卓 App 应用。同时，百度在移动搜索领域，创造出一种新的应用分发模式，于2013年8月推出的轻应用（Light App），简单说来，轻应用既有着无需下载的特性，又有着独立的Native App的功能。企业开发这样的App，既可以通过应用商店下载，也可以直接用手机浏览器打开。深圳云来公司也推出类似轻应用，但更多是适用于微信场景应用。

但实际上，手机屏幕并非电脑屏幕，所能容纳的App数量有限，除了少数有上千万安装量的App，大多数传统企业的App基本无人问津，根本不能成为一个移动入口的营销工具。同时由于微信、陌陌这样的超级App已经连接广大的大众消费者人群，大多数企业应用都可以在这样的超级App平台上实现。

因此，传统消费品企业直接面对消费者构建App基本是很难抢占入口的。大多数消费品行业都不适合开发一个独立的App去连接用户，主要原因是很多消费品由于行业本质或产品的属性决定了产品没有很强的用户黏性。比如消费品所在行业的服务对于消费者而言消费频次不高；又比如消费品的并非高价值高价格商品，用户不太重视关注，在用户消费结构中处于不重要的边缘地位；或者企业围绕消费品所提供的内容，不是用户关注的社会娱乐消费中的焦点；等等，这些消费品很难与用户保持强大的黏性。对于消费品行业的传统企业，基本上不用考虑建设面对消费者的App，即使是要对消费者提供移动互联网服务，比如与产品或售后服务相关，那么一个微信服务号或订阅号已经足够。

但是，独立的App对于传统企业就没有一点儿用吗？显然不是，找准了环节，也能够抢占这个入口。

那么该怎样找准环节，抢占入口？

（四）无线网络入口

1. WiFi 接入运营商

在移动互联网的各类入口中，网络接入也是一种重要的入口，而由于移动通信网络本身的带宽限制，网络接入的入口主要就是 WiFi 接入的入口。商用 WiFi 似乎一夜之间成了互联网巨头争抢的香饽饽。不久前阿里通过其控制的上海云鑫投资管理有限公司入股商用 WiFi 公司树熊网络；腾讯也表示将投入重金打造 Yeahwifi 项目，背后是和社交软件微信的深度结合；而早在 2013 年百度便推出了小度三剑客：小度 Wi－Fi、小度路由和小度 TV，实现用户随时上网的需求。除了 BAT 之外，小米、美团等也纷纷介入。小米投资了上海的迈外迪公司，后者与包括星巴克、哈根达斯、Costa 在内的大型连锁品牌有合作，而美团因团购已和众多线下商家合作，发展势头被看好。

商用 WiFi 之所以为互联网巨头所看重，主因背后的三大子市场：第一，通过为企业提供商用 WiFi 设备，或者低价甚至免费，以售卖界面广告为盈利模式，主要为餐馆、咖啡馆等行业服务；第二，利用 WiFi 获取顾客各种行为信息，为企业主提升甚至改革服务模式提供大数据分析等；第三，通过微信等客户端，连通线下商户和线上支付、社交终端等形成消费闭环，布局完整生态圈。三大子市场中，尤以第三种来势最为凶猛，也最为业界所看好。一旦形成闭环，前两个子市场也都可以涵盖，也将获得线上线下无尽的信息流。

2013 年全球 WiFi 热点已达到 420 万个，预计到 2018 年，全球 WiFi 热点将超过 1000 万个。同时，全球无线网络连接客户端设备出货量超过 1. 39 亿个。这些数据无疑都显示，目前市场已非处女地，而在这个基础上利用什么手段入局，才是更多后来者应该考虑的。

截至2015年5月，中国移动已部署运营了超过400万台AP（传统有线网络中的HUB），中国电信也部署了超过100万台AP，作为3G时代网络最没压力的联通，运营的AP总数也超过40万台。运营商部署的这些WiFi网络，在缓解了网络压力的同时，也培养了数以亿计的用户使用WiFi的习惯。

星巴克也是一个事实上的WiFi运营商。

如今WiFi模块成为智能终端的标准配置，WiFi网络也成为事实上移动互联网数据的承载主力。WiFi网络的建设模式也逐渐从以往的投资型建设需求转向以盈利为目的的ICT建设模式。在很多ICT项目中，如公交站牌、公交车、游轮、风景区等场景都存在无线上网的需求。从无线WiFi市场的抢夺中，可以看出，商用WiFi是基于运营商的带宽资源，主要面向用户提供免费服务，或面向商家提供收费服务。在提供服务的同时，可以通过推送广告、云端数据管理和流量分布等为商家用户提供增值服务。

2. WiFi接入智能设备

智能路由器也就是智能化管理的路由器，通常具有独立的操作系统，可以由用户自行安装各种应用，自行控制带宽、自行控制在线人数、自行控制浏览网页、自行控制在线时间，同时拥有强大的USB共享功能，真正做到网络和设备的智能化管理。随着软、硬件技术逐渐成熟，新一代的智能路由器从一个单一性能产品变成可以安装App的平台，更加完整地诠释了家庭互联网的入口功能。

目前，极路由、360、小米、果壳电子及谛听科技等均已涉足智能路由器。智能路由器像个人电脑一样，具有独立操作系统，除了无线上网外，用户可自行控制带宽、上网加速、过滤视频广告等。从一个单一功能性产品变成了一个平台，在平台上可以安装 App 插件来增加新的功能，例如游戏加速、下载加速和全球加速，还可增加新的使用场景，比如用路由器无线播放音乐、电影自动下载、存储 P2P 视频等。

正如手机从功能机过渡到智能机，路由器以智能系统来扼紧家庭互联网与无线互联网的入口。路由器可以更加容易操作，甚至是整个数字媒体如视频、音乐、照片的一个终端控制机。

一般用户不会在路由器上停留和频繁访问，只有整合其他功能，例如音乐、智能盒子、家庭私有云，或许可能成为新入口。但是，目前智能路由器还缺少 Killer App，即杀手级应用，否则很难成为一个真正入口。

因此，对于传统企业而言，这个入口并非可行的互联网着陆点。

（五）抢占入口策略：免费

究竟什么是免费商业模式？根据克里斯·安德森的说法，这种新型的免费商业模式是一种建立在电脑字节基础上的经济学，而非过去建立在物理原子基础上的经济学。这是数字化时代的一个独有特征，如果某样东西成了软件，那么它的成本和价格也会不可避免地低趋于零。这种趋势正在催生一个巨量的新经济，这也是史无前例的，在这种新经济中基本的定价就是“零”。

对我们个人来说，免费是一种涤荡旧有思维的商业体验；而对传统企业来说，免费更多的是一种革命性的生存法则，一种可以改变旧有发展模式，可以成为企业脱胎换骨的动力。

互联网上，服务往往是免费的，不同的服务吸引着有共同特点的网民的注意力，当用户在免费下载、免费浏览、免费使用的时候，已经付出了费用——点击量，而众多的点击量一聚集起来，就形成了有价值的流量。因此依据流量思维，将这些有价值的注意力倒卖给广告主或电商主，就可以从后者那里获得收益。

具体免费业务模式有：

（1）在别人收费的领域提供免费的应用、数据、内容服务，比如360杀毒软件，这个相当于一个专业性的行业工具，适合工业品企业操作。

（2）完全基于免费建立大众App应用建立商业模式，比如QQ。这个对于传统消费品企业，除非产品服务涉及很强的专业性或技术性，否则一般很难推广这类免费App。

（3）移动硬件零利润或免费，赚取增值服务或提供外围产品，或开拓其他盈利模式。这对于大多数消费品企业都可以操作。

三、移动微营销抢占先机

移动微营销，即在智能手机App上进行移动互联网营销。主要在主流的超级App上开辟营销站点，发布内容、商品、相关信息，并与用户碎片化沟通互动，强化点对点、点对多点的连接。

自移动互联网发展以来，一些App通过提供杀手级应用积聚了大量用户，成为超级App。超级App允许应用开发商、商家、媒体等第三方接入，从而使App本身成为一个分发平台，可以实施营销连接。以微信为例，用户数量上微信已达到6亿，集社交、资讯、游戏、支付、生活服务等多种功能于一体，可以算是典型的超级App平台，其他还有陌陌、QQ空间、百度贴吧、微博、微店、支付宝等。在这些平台上都可以开通站点营销。同时还有些大用户量的 App，也可以注册账号在上面进行营销连接。

（一）移动微营销之一：微信营销

首先要明白，微信在什么地方做营销，就是微信营销入口。不占据微信营销入口，根本谈不上微信营销。比如很多企业开通微信订阅号做营销，他们不明白，订阅号根本没有占据微信营销入口，根本无法营销。这也是京东商城上了微信购物频道，仍然不见移动销售量有多少增长的原因，因为京东的入口是在微信的“发现”菜单栏，而且是在倒数第二排“购物”上。如果“京东”购物是像“腾讯新闻”一样排在微信营销第一入口，即微信实时联系人排列栏，那么京东的移动销售额肯定要飞速增长。

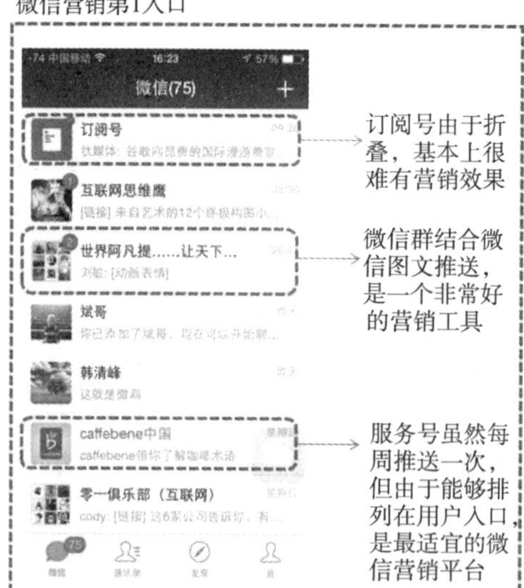

图 3-9　微信营销入口

1. 微信营销第一入口

在微信上，一般用户点击最多的不过就两个地方，一个是微信实时联系人排列栏，微信一启动，默认进入的首页，这里是微信用户第一入口。

第一种营销方式是微信服务号营销。微信公众账号服务号，每周可以推送一次，每次推送，信息就会发布到用户的对话栏的前列，是一个非常好的营销入口，同时每周发布一次营销信息，也不至于让消费者厌烦。很多人一提到微信营销，就想到做订阅号，每天推送图文去影响消费者。实际上，由于订阅号是折叠的，基本上绝大多数订阅号，消费者一般情况下都不会专门去点开折叠，然后点击订阅号，因此订阅号营销实际是一个伪命题，订阅号适合做自媒体，但绝对不适合做营销。营销就要在第一线，订阅号根本不在微信用户入口处，怎么可能营销。值得注意的是，当前很多培训机构误导自媒体营销，就是开通一个微信订阅号，每天推送图文进行营销，其实订阅号由于根本不在微信入口上，不在流量风口，如何营销？除了一些传媒企业或自媒体机构，大多数企业都不需要开通订阅号，更不用说做什么订阅号自媒体营销了，基本上都没有人看的。

第二种营销方式是微信群，微信群营销类似于 QQ 群营销与旺旺群营销，更适合于做服务号营销的一个延伸阵地，不适合做每日推送的站点。

第三种营销方式是微信号营销，注册足够多微信号，添加足够多好友，直接点对点营销，这种方式只能作为前两种方式的辅助，否则，其效果类似电话营销，营销转化率非常低。当然，比较传统的广告营销，还是有效得多。

2. 微信营销第二入口

微信朋友圈是微信营销的第二入口，这个入口营销方式就多种多样了，这里只讲述其营销本质。

微信朋友圈营销本质上就是一种场景营销，因微信而生的朋友圈场景，因此，这里的营销，不能光推送产品图片，天天刷屏，效果实际很差。这里需要的是营造一个网络场景，可以将微信朋友圈看成一个网络休闲小店，营造什么样的场景，需要有创意内容。场景开发可以通过一些 App 场景开发公司专门制作，也可以自行通过一些平台，如“易起秀”这样的第三方场景 DIY 制作平台。

朋友圈营销参与方式主要是转发，其他还有点赞、互动回复。其中转发是最有效果的，因此，要尽力使朋友圈推送的图文被好友转发。

除了转发，微信朋友圈的第二种营销方式就是微信朋友圈广告营销微信。2015 年 4 月，微信开通了朋友圈广告营销，为众多企业直接开辟了一个广告营销之路。

（二）移动微营销之二：微店营销

1. 有赞微店

有赞微店原名口袋通微店，是最早的一家微店平台服务商，由杭州起码科技公司运营。淘宝上面很多大卖家都选择了口袋通作为微营销网店。口袋通整合了微信公众平台后台功能，可以进行商品管理，支持淘宝批量导入，简单易用。特色功能是可以把微博运营整合到微店后台。不足之处在于支付环节，支付使用支付宝，成交环节要收取手续费，提现也需要手续费。著名的自媒体罗辑思维的微店就开通在有赞微店平台上。

2. 口袋微店

口袋微店也叫口袋购物微店，由北京口袋时尚科技有限公司运营。很多网店小卖家与个人都喜欢在上面开店，能够自助添加商品、修改价格、组织促销，可以将原有淘宝店“一键搬家”。优点是开店简单方便，输入手机号码，并绑定银行卡号，注册即可运营。产品页面只需要分享到微信朋友圈，或直接发给好友，就可以推销产品，达成订单会自动收到短信提示。当前朋友圈微商很多都选择口袋微店作为微商平台。

3. 京东拍拍微店

京东拍拍微店是京东商城并购腾讯拍拍网后开设的移动电商平台。成功注册了拍拍网店铺的个人或商家，开通微信支付即可。拍拍微店具备订单管理、CRM（如优惠券、会员、积分等）、店铺装修、物流查询、售后服务等功能，非常强大。在支付环节，用户直接使用微信支付。缺点是必须先开通拍拍网 C2C 网店。

4. 微信服务号小店

微信服务号微店由微信平台直接提供。首先需要企业认证服务号并开通微信支付接口，其次必须缴纳微信支付接口 2 万元押金，相当于平台保证金。在功能上非常强大，类似于移动端的淘宝网店，可以直接通过公众账号售卖商品，可以实现包括开店、商品上架、货架管理、客户关系维护等强大功能。缺点就是要缴纳 2 万元平台保证金。

5. 微店分销系统

微店分销系统是以总店布控，发动分销店员移动终端进行营销，发动二级店铺的朋友圈营销，协助企业打造多层级微信创客营销模式。基于朋友圈的传播，店中店模式可快速复制店铺，轻松将成千上万的粉丝变成微信分销商，迅速扩展销售渠道和提升产品知名度。企业部署微分销商城，微信代理商在微信分销商城基础上生成专属于自己的微店，从而实现零成本渠道拓展。

在微店选择上，有赞微店、口袋微店、京东微店、微信小店，这四种微店模式都各有优劣，传统企业应该根据自己实际情况开通一种微店。至于微店分销，个人认为，飞虎网公司（www.flywho.cn）的微店旺旺系统是一个不错的免费微店分销系统。

（三）其他移动 App 营销

除了微信，企业还可以在很多 App 上开通微营销站点，如支付宝钱包、陌陌、今日头条、手机百度、58 同城、赶集网。都可以通过移动互联网 App 提供产品、内容、服务，直接连接用户群体，直接服务消费者。根据企业的用户人群，在相应的 App 上注册账号，进行内容营销，比如陌陌 App、豆瓣 App、大姨妈 App、美柚 App 等。

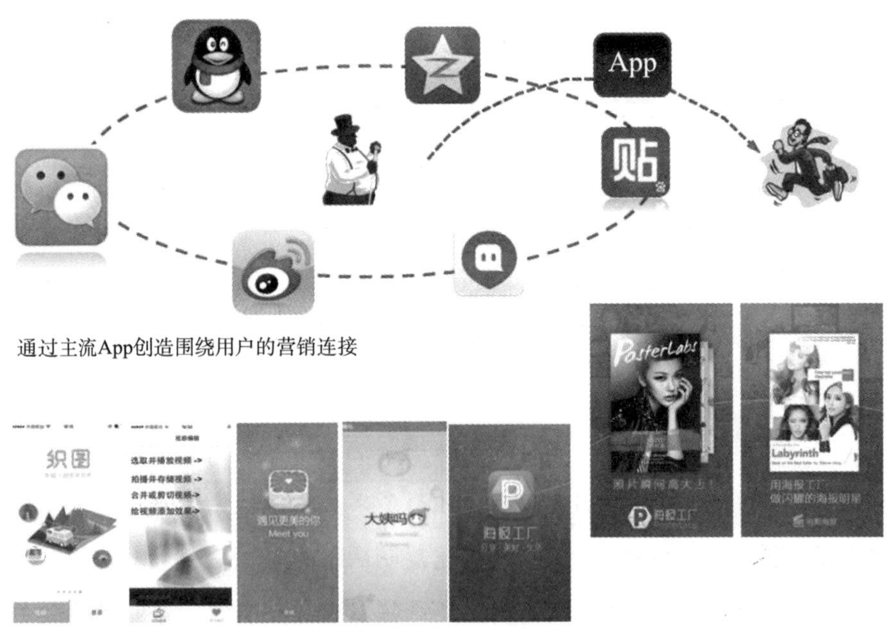

图 3-10　App 与营销连接

四、SNS 社会化网络传播

（一）SNS 营销定律概述

SNS（Social Networking Services），即社会化网络服务的网站或媒体。SNS 营销传播，是随着 SNS 网站兴起的一种重要的网络营销方式，利用 SNS 网站的分享、转发、共享、群组等功能，通过病毒传播的方式，利用当前社会化网站或社会网络媒体，如在线社区、博客、论坛、贴吧、微博、微信、QQ 空间，以及问答、百科等协作平台，让企业的产品或信息迅速被更多的人知道，并大量传播。

SNS 营销传播主要基于以下三个法则：

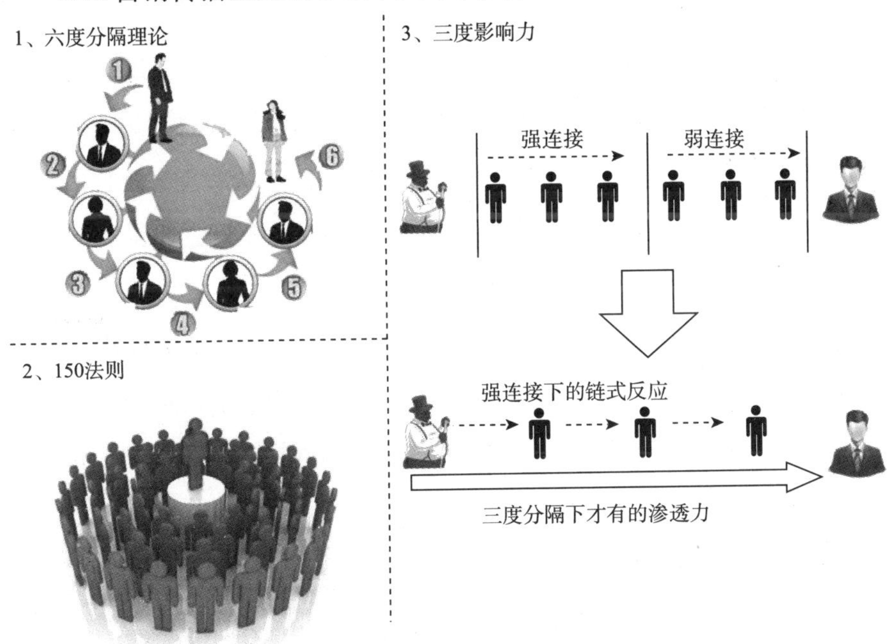

图 3－11　SNS 营销传播的三个法则

（1）六度分隔理论

六度分隔理论由哈佛大学心理学教授米尔格兰姆提出，他设计了一个“传递信件”的实验。把信随机发送给住在美国各城市的一部分居民，信中写有一个波士顿股票经纪人的名字，并要求每名收信人把这封信寄给自己认为是比较接近这名股票经纪人的朋友，这位朋友收到信后，再把信寄给他认为更接近这名股票经纪人的朋友。最终，大部分信件都寄到了这名股票经纪人手中，每封信平均经手六次。

于是，米尔格兰姆提出了著名的“六度分隔”理论：世界上任意两个人之间建立联系，最多只需要六个人。因此，理论上一个人最多通过六个人就能够认识世界上任何一个陌生人。根据这种理论，创立了面向社会性网络服务的 SNS 网站，最著名的就是 Facebook，还有新浪微博、微信。

（2）150 法则

150 法则源于从欧洲发源的赫特兄弟会组织，该组织在维持民风上发挥了重要作用。他们有一个不成文规定：每当聚居人数超过 150 人规模，就把它变成两个再各自发展。“把人群控制在 150 人从经验证明是管理人群的一个最佳和最有效的方式。”150 法则现实应用很广泛。中国移动的动感地带 SIM 卡只能保存 150 个手机号，150 成为我们普遍公认的“我们可以与之保持社交关系的人数的最大值。无论你曾经认识多少人，或者通过一种社会性网络服务与多少人建立了弱连接，那些强链接仍然在此时此刻符合 150 法则。即 80% 的网络社交可能被 150 个强连接所占有。

（3）三度影响力

尼古拉斯·克里斯塔基斯和詹姆斯·富勒联手而写的《大连接：社会网络是如何形成的以及对人类现实行为的影响》，认为六度分隔只是理论上存在的一种弱连接，而实际上，只有在三度分隔的好友间，才存在一种强渗透力，克里斯塔基斯和富勒将其称为三度影响力原则。它是基于“强连接”的前提下的。简单来说，我们所做或所说的任何事情，都会在社会网络上泛起涟漪，影响我们的朋友（一度）、我们朋友的朋友（二度），甚至我们朋友的朋友的朋友（三度）。如果超出三度分隔，我们的影响就会逐渐消失。反过来，我们也深受三度以内朋友的链式反应影响。克里斯塔基斯指出：相距三度之内是强连接，强连接可以引发行为；相距超过三度是弱连接，弱连接只能传递信息。

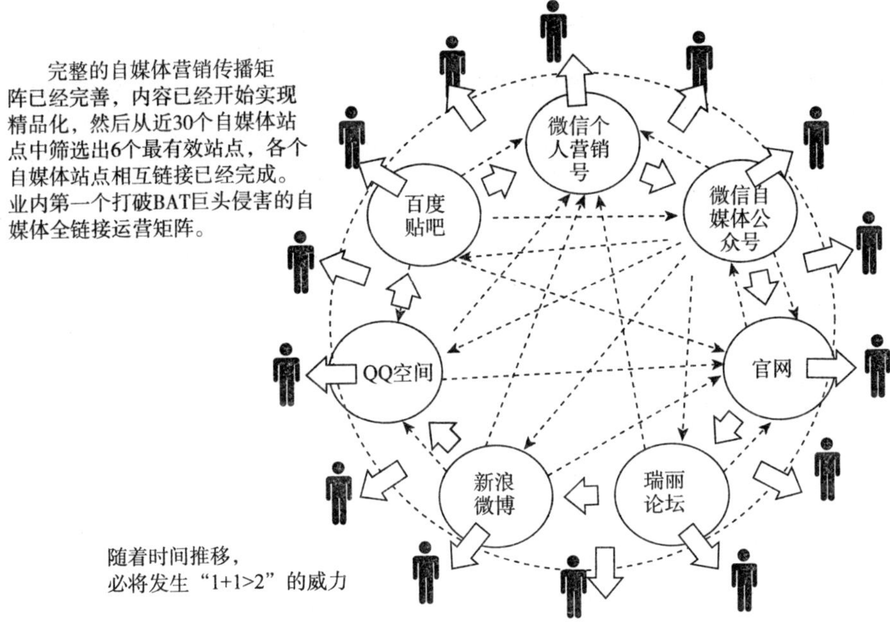

图 3－12　一家传统日化企业的 SNS 营销传播

因此对于 SNS 营销传播，理论上可以通过六度分隔传播到任何一个人处，但实际上基于强连接的渗透力，我们只能影响到我们的朋友（一度）、我们朋友的朋友（二度）、甚至我们朋友的朋友的朋友（三度）。而最大的影响力，就是我们强连接下的某个好友周围的 150 个好友。依据这个原则，我们就可以根据企业的实际现状，开展 SNS 营销传播，当前主要的 SNS 营销传播工具有：新浪微博、QQ 空间、QQ 群、微信订阅号、豆瓣网、人人网、开心网、大街网、百度贴吧等。

SNS 营销传播应该强调连接，尤其是站点之间的相互连接。下面是一家传统日化企业在做 SNS 营销传播时候的连接。

（二）主要的 SNS 社会化营销

1. 微博的社会化营销

营销公式：微博营销 = 新浪微博 + 博客 + 社区论坛

微博营销是指通过新浪微博平台营销。2012 年 12 月后，新浪微博推出企业服务商平台，为传统企业实施微博营销提供了可能。微博更多是一种基于互联网的 SNS 媒体传播工具，由于新浪微博与新浪博客所发信息已互联互通，因此，微博与博客营销就统一在一起操作，再加上 SNS 社区或行业相关论坛，形成微博营销矩阵。微博营销与微信营销不同，微信是一种移动社交工具，是基于熟人社交关系这样一种强连接。而微博首先是一种媒体，企业与粉丝关系是一种弱连接的非社交关系。

微博营销的手段如下：

（1）制造热点

即在内容策划上关注热点、追随热点。因此微博营销更注重价值的传递、内容的热度、准确的受群体定位。在微博上可以策划内容营销、话题营销、微博关键词搜索营销。利用百度搜索、新浪微博搜索等搜索引擎来获得流量，使用微博高权重网站平台来曝光自己的品牌，对用户进行营销。比如，找一篇与自己行业相关又在近期非常热门的新闻进行发布，发布的内容包含热点关键词，在发布的内容上添加配图，吸引用户的点击，微博字符有限制可以添加网站链接来引导用户点击。也可以在申请微博账号时配合热门关键词以及网站品牌词来申请，当用户在搜索某热门关键词或某实时信息时，微博就很容易展现出来。

（2）加粉推广

微博与微信不同，微博必须主动实施粉丝营销。增加粉丝的方法有许多，比如直接从竞争对手下手，查看关注我们的竞争对手的粉丝，与其进行互粉。当一个企业认证账号关注个人粉丝的时候，互粉的概率非常高。

（3）互动留人

要想留住粉丝用户并得到用户的肯定，就要不断在微博上组织粉丝互动活动，同时要结合其他传播工具。一定要清楚，微博是一个传播工具，它的营销评估，不能盯着交易转化率，而要盯着传播力度。

2. QQ 空间的社会化营销

QQ 空间是基于 QQ 用户的 SNS 社区，既有微博媒体传播性质，又具有微信社交功能，还拥有淘宝 C2C 的营销架构。QQ 空间日志在 PC 互联网上更像一个博客，QQ 空间说说在移动互联网上更像微信朋友圈。因此 QQ 空间可以说是一个最有力量的 SNS 营销工具了。QQ 空间的基本营销载体有 QQ 说说、QQ 日志、QQ 相册。同时，QQ 群、阿里博客、新浪微博可以作为辅助营销载体。下面通过一个 QQ 空间营销公式的结构，按三个步骤讲述如何做好 QQ 空间营销。

营销公式：QQ 空间营销 = QQ 空间 + QQ 群 + 阿里博客 + 微信订阅号

（1）建设 QQ 空间矩阵

首先必须进行企业 QQ 空间认证，有了认证才有说服力。同时注册几个或十来个 QQ 号，作为辅助的推广小号或马甲号，以作营销推广辅助之用。然后建设QQ空间营销矩阵，包括QQ群、阿里博客、新浪微博，甚至也可以将微信订阅号与QQ空间内容联动。

QQ群是QQ平台体系上一种强连接社交工具，在企业QQ获得大量好友后，要分别归属到相应QQ群里，分群管理，定期向群用户推广相关活动、信息内容、网络营销主题，时间一久，自然会沉淀用户，形成以QQ空间为中心、QQ群为外围的营销架构。

QQ空间跟阿里博客的定位是不同的。阿里博客是商人博客，所以要多写商业文章。而QQ空间更加私人化，需要有一定心情日志，但也适当需要一些商业文章，可以将阿里博客里的商业文章转发到QQ空间里来。QQ空间原创的日志文章，也可以在微信订阅号上发布，微信订阅号图文，也可以转发到QQ空间。

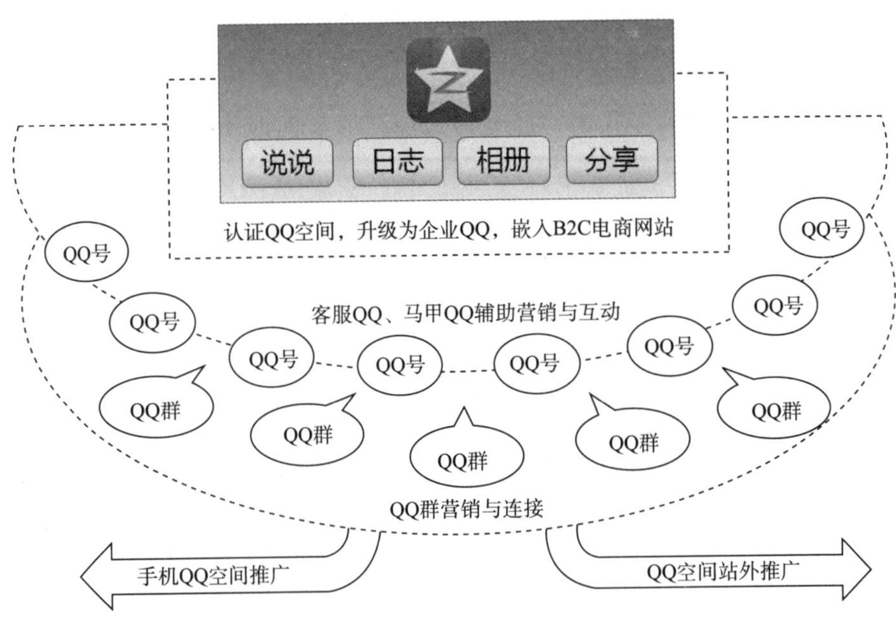

图3－13　企业QQ空间营销架构

说说类似微博，QQ空间说说可以转载到新浪微博，实现互联互动，要知道连接才能产生价值。也可以将微信订阅号内容转到空间说说。

（2）运营 QQ 空间内容

空间说说就类似一个简单的微博，是一个图文结合的传播工具。说说不要去发自己的感慨，一般企业营销 QQ 的好友熟悉程度都很低，没人喜欢看这种东西。但说说可以把你对营销的一些感悟或是技巧缩短成几句话，这样可能会引来一些回复，然后产生互动，加深感情，对以后的针对性营销很有帮助。或者针对当前热点进行简要评论或分析，当然最好是与所在行业相关。

QQ 空间日志是博客式自媒体，原创是基本，内容要有价值，早上十点后发送，文章底部可加上推广网站链接。日志要在多个站点转发，如说说里转发，微信朋友圈转发，增加文章曝光率，吸引更多人关注，文章底部链接才有可能被更多人点击。空间也需要一定的马甲好友，在文章发布后去评论，评论越多越好。也可提反向思路，吸引人参与，可以让所发文章不断在好友动态里更新。QQ 空间日志可以有一定私人化的内容，写一部分心情日志，心情日志更逼近人内心，情感真实，能够取得潜在客户的信任。但也不能全是心情日志，要适当添加一些商业文章，比如可以转载一些著名的商业文章。

空间相册管理是肯定要有照片的，可以分享一些企业文化方面的生活照，也可以把市场人员和客户的合影或是成功案例发上去，这样不但能加深好友的信任度，也很好地推广了业务。可以上传产品图片，也要上传个人生活照片。上传产品图片，是为了让潜在客户了解产品。上传个人或生活照片，是为了让潜在客户知道你长什么样，增加信任感，两者缺一不可。

QQ 签名是 QQ 空间内容运营的重要细节，QQ 签名上可以写产品信息、联系方式。但应该定期或不定期更换信息。当QQ签名上有新的签名时，潜在客户往往很快就会发现。如果QQ空间里发表了新文章，也要在QQ签名上显示出来，告知好友，这样可以引导潜在客户第一时间来看新文章。

（3）推广QQ空间

互动推广。QQ空间推广要重视互动，要经常对好友的QQ空间评论、点赞，对于好友在企业QQ空间发表的文章和说说，都可点赞，主动进行评论，时间一久，自然吸引好友对企业空间动态的关注。同时对于进入企业QQ空间的好友，互动交流比较重要，对于一些好友的评论，适当加以回复，也是一个有效的推广手段。

原创推广。QQ空间原创的文章日志，可以在目标用户所在的行业网站、论坛、社区投稿或发帖，在文章中留下QQ号或QQ空间地址，让喜欢这篇文章的读者主动加你为好友，这类似于网站外链推广。也可以直接将日志的链接发给50～100个好友，让他们注意到空间文章，如果对方感觉不错，可能会评论，会转载，这样文章所带链接的点击频率会大大增加。甚至广告信息都可以写成这样一篇有诱惑力的文章，标题尤其要有吸引力，发表在日志里，然后去投放。当然文章里一定要留下详细联系方式，插入产品图片。文章链接用红色粗体标出，这样显眼，便于引导潜在客户点击那个红色超级链接。

转载推广。QQ空间里常有些很有阅读价值的文章。这类文章，QQ好友会主动去转载，因此见到好友转载的有价值文章，转载过来后，对文章进行编辑，在文章末尾留下你的广告文章链接。由于这类文章被转载概率很大，所以当QQ好友进行转载时，就会形成源源不断的病毒式传播。当然要控制转载文章在QQ空间的比例，不要让QQ空间放眼望去几乎全都是转载文章，在10篇文章日志里，顶多有2篇是转载的。

分享推广。QQ 空间的价值在于分享，所以 QQ 空间营销一定要利用分享，在空间里每篇文章的标题上，都有一个“分享”按钮，点击“分享”按钮，你的文章不但会在 QQ 上所有的好友的空间动态里显示，还会在企业 QQ 好友的好友的空间动态里显示。通常可以将阿里博客上发表的很重要的文章，再转发到 QQ 空间里去。每发一次，要点击“分享”功能，然后点击量很快就会激增，会有很多人自动转载和分享。

案例解析 小米的 QQ 空间营销

小米第一次选择首发 QQ 空间时，让人意外。首发红米时，小米的 QQ 认证空间粉丝数从 100 万骤增至 1000 万，时隔半年后再次引爆，小米的 QQ 认证空间已接近 2700 万粉丝，也是目前企业 QQ 认证空间中最大的粉丝社区。小米与 QQ 空间的合作并非简单地做做预售公告，而是加入了激发族群社交的引爆因子。

红米首发设定了三个环节，即“预热（猜价格）—预约（签到、集赞）—抢购”，三者环环相扣。仅以集赞为例，用户在 QQ 空间发布一条说说，向好友集齐 32 个赞，便能抽取 3 次预约机会。这种熟人圈子营销很“接地气”，营销效果惊人，最终约有超过 1 亿用户参与点赞。

同时，小米 QQ 空间与广点通对 2 次合作中的目标用户群做了精准匹配。除了将首发消息送达米粉，双方还将目光聚焦到对小米感兴趣的潜在用户，重点推送包括关注 IT 科技类认证空间的发烧友，曾经在 QQ 空间提及小米品牌的人群等。

最后小米创造了在 QQ 空间的销售神话，90 秒卖出 10 万台，惊爆了很多人的眼球。

3. 百度贴吧营销

百度贴吧号称全球最大的中文社区，是基于搜索引擎的一个主题交流网络社区平台，聚集对同一个话题感兴趣的人，充分地展开交流和互助。百度贴吧基于关键词建立主题，与百度搜索紧密结合，是大多数消费品企业一个有效的 SNS 营销工具。百度贴吧营销，主要要注意以下四个方面：

（1）发在哪儿

发在哪儿这个问题是比较关键的，不管你发什么内容，如果你发的地方不对，很快就会被删除，所以选好相应贴吧，不要追大贴吧。你创建的贴吧一定要有足够多的用户，不然，就算你能发布广告链接，就算在首页，也没用户去看。如何找到有人气的贴吧？可以去查看贴吧排行榜。

（2）发什么

百度贴吧发帖，一个帖子的内容包括：标题、内容、图片链接。其中帖子的标题所代表的主题最重要，要根据企业用户群体关注的焦点确定主题。具体的主题内容可以逐步去试探、调整。

（3）怎么发

发完主题帖子后，要换 IP 用马甲账号顶一顶，这样容易被百度迅速抓取收录。要让主题帖显得有回复，否则容易被百度清除，而有回复就好很多，所以发主题一定要杜绝零回复。

细心写一篇内容翔实的软文，然后用马甲账号抢占沙发，之后没事就拿各种小号上去顶一下，这个工作看似多余，其实价值很大。在征得贴吧主人同意后，可以在主题内容中加产品链接，然后让不同的号去顶，去参与围观讨论，保证所发的主题能排在贴吧首页前面。也可以去威客平台发布任务，让真实用户去顶。也可以号召 QQ 空间营销积累下来的 QQ 群去推广宣传帖子。针对回帖加广告链接，如果贴吧回复里加不了链接，可以采用品牌关键字及软文形式，就容易通过。

百度贴吧最大的好处就是网络流量的自然导入效果很好，同时由于百度贴吧同时也是一个主流 App，也会引来大量的移动用户浏览。

（三）SNS 社会化电商渠道

1. 社会化电商的开创

社会化电商最早由 Facebook 开创，所谓 F-commerce，简单来说，就是通过 Facebook 销售商品。所谓 F-commerce，简单来说，就是通过 Facebook 销售商品。目前来看有下面三种基本的类型：一是 Facebook 店铺，零售商直接在 Facebook 开设店铺，也就是 F-stores；二是在电子商务网站上嵌入 Facebook 的一些功能，如登录、喜欢、开放图谱等；三是在实体店铺中融入 Facebook 的一些特征，如在实体店试衣间中试衣服可以把照片发送到 Facebook 上让朋友评论，还有 Facebook 的团购服务等。

当前，社会化电商（Social Commerce）是电子商务的一种新的衍生模式。它借助社交网站、SNS、微博、社交媒介、网络媒介的传播途径，通过社交互动、用户自生内容等手段来辅助商品的购买和销售，开展电子商务。

第一种类型是基于共同兴趣的社交电商模式，这种模式以蘑菇街、美丽说为代表，盈利模式很直接，盈利能力较强。这是目前最主要的社会化电商模式，也是传统企业首选，不过主要是针对服装、化妆品一类。

第二种类型是图片加兴趣的形式，以花瓣为代表，国外代表为 Pinterest，用户可以把自己感兴趣的东西用图钉钉在钉板（PinBoard）上。这种模式的特点是简单、互动性强、视觉冲击力高，容易快速聚集起大量用户，但在盈利上需要有大量的用户规模作为支撑。

第三种类型是媒体导购的形式，以逛逛为代表，特点是有较强媒体属性，像一本时尚杂志，让用户在读它的时候充分感受到商品的魅力。这种模式往往较难聚集大量的用户，互动性较差。

2. 国内主要的社会化电商渠道

美丽说是国内最大的女性快时尚电子商务平台，致力于为年轻时尚爱美的女性用户提供最流行的时尚购物体验，拥有超过1亿的女性注册用户，用户年龄集中在18～35岁。2009年11月美丽说创立，在成立之初就开创了社会化电商导购模式，几年间快速吸引了上千万年轻时尚爱美的女性用户，成为中国年轻女性最青睐的时尚风向标。

2013年11月，美丽说开始建立电子商务交易平台，精选上千家优质卖家供应商，为用户提供女装、女鞋、女包、配饰、美妆等品类的优质时尚商品，成功转型为女性时尚垂直品类电商。得益于在用户体验上的精雕细琢，截至2014年6月，美丽说已有上万家时尚优质商家入驻，其移动客户端装机量超过7500万，来自于移动端的订单占比超过70%，全面超越PC端。美丽说移动客户端的用户黏性也很高，移动客户端人均单日使用时间超过30分钟，是年轻时尚女孩子的高频使用场景之一。

蘑菇街是专注于时尚女性消费者的电子商务网站，为爱美的姑娘们提供衣服、鞋子、箱包、配饰和美妆等适合年轻女性的商品。蘑菇街App也成为时尚女性购买和互相分享的必备App。

蘑菇街作为电商平台，引入“优店”“优品”，为用户提供良好的购物体验及更多有价值的商品信息。从Hitwise的统计可以看出，蘑菇街在导购领域有很高的用户黏度和购买转化率。蘑菇街已经获得三轮融资，先后获得中国帮互联网创新年会最佳创业公司、最佳创新大奖、“互联网成长力产品服务奖”等十余项奖项。

截至2014年5月，公司共有300多名成员，为提供更多对消费者有效的购物决策而努力。截至2014年5月底，蘑菇街的注册用户数已经突破8000万，在转型做在线交易后，2014年3月的整站交易额突破2亿元。蘑菇街旨在做一家高科技轻时尚的互联网公司，公司的核心宗旨就是购物与社区的相互结合，为更多消费者提供更有效的购物决策建议。蘑菇街从导购平台转型为社会化电商平台后，从2013年11月开始，仅仅两个月，就交出了单月1.2亿元的成绩单。对于这张成绩单，蘑菇街表示，2014年将冲击30亿元的年度目标。

3. 社会化电商与淘宝电商漩涡的抗衡

社会化电商与淘宝图书馆式分类方式不同，美丽说、蘑菇街对风格进行梳理的方式，对于中小卖家来说，是外部流量来源之一。但是美丽说、蘑菇街并没有成为中国的Pinterest。

首先，国内SNS之前过度依赖淘宝。

这与中国的电商格局相关，社会化电商模式本身没有问题。但在中国，由于电商流量漩涡，阿里一家吃掉了七八成的市场，这导致中国的社会化电商很难变成独立平台，因为一旦淘宝收口，社会化电商将直接受到影响。淘宝是社会化电商的生命线，行业内70%的流量导向了淘宝。但美丽说、蘑菇街过早引起了淘宝的警觉。淘宝不扶持上游导购网站继续做大，不再支持淘宝站内购物返现的淘宝客模式，以防止商家自己去导流量，淘宝自己的广告位失去价值。因此，淘宝开始阻止流量导入蘑菇街、美丽说。

其次，SNS电商市场规模不大。

社会化电商主要集中在服饰、护肤、母婴、家居等垂直领域，并非所有的领域都容易拓展。例如，人们对 IT 设备、图书分享的需求远低于服装。美丽说、蘑菇街主要面向 90 后女生，品类较单一，主要集中在服装和饰品，商品单价并不高。淘宝自身也尝试了多款社会化电商产品，如哇哦、爱逛街、一淘发现等，但并未能挑战美丽说、蘑菇街。阿里集团入股新浪微博以探索社会化电商模式，新浪微博也被外界比作“大号的美丽说”，但目前的结果是社会化电商领域毫无起色。

随着淘宝和天猫内流量获取成本越来越高，并不是所有卖家都有资本去购买直通车、钻展。这时，美丽说和蘑菇街的价值会突显。但问题在于，美丽说、蘑菇街的流量有多大？这就是规模问题了。

五、O2O 营销提供连接

（一）O2O 是为了线下场所服务

O2O 营销模式是指线上营销与线下经营相结合，通过便捷的线上购买带动线下消费。通常通过打折、预订、团购等方式，把线下商店信息推送给互联网用户，比较适合必须到场所消费的商品和服务。比如餐饮、健身、观影、看演出、美容美发、洗浴按摩等。数据显示，美国线上消费只占 8%，线下消费的比例依旧高达 92%；而中国这一比例，分别为 3% 和 97%。中国电子商务研究中心调查显示，网购消费只占消费者支出的一小部分，而餐馆、理发店、干洗店、服装定制、KTV 这些与生活息息相关的服务消费才是占据最大比重的，由此可见 O2O 的巨大商机。O2O 营销模式的核心是在线预付。即预约消费，但必须给消费者一个预约消费、在线预付的理由。目前，大多数 O2O 能够找到的理由仍然是团购或打折这一促销形式，以 O2O 商家补贴消费者来促进连接。

（二）App 的 O2O 连接

猫眼电影 App，具有影院影票信息查询、团购影票、在线座位提早预订等功能。提供超过 2600 家星级影院的交通指南、团购优惠及电子兑换券信息，全国 286 家影院在线选座不排队。App 界面简练，包含了“电影”“影院”“团购”“我的”关联菜单按钮。猫眼电影的取名也是借助“猫”这个动物进一步拉近与电影市场的一大主力——女性的距离。猫眼电影是美团电影的升级版本。

美团电影在电影票团购市场占据一定份额后，考虑到该业务在 O2O 概念上和电影市场上的火热，就从美团大团购业务中独立出来，淡化美团品牌，弱化团购色彩，开始向垂直方向发力，不仅做电影的团购业务，而且包含了在线选坐、电影社区等业务。

猫眼电影借助《心花路放》开始涉足电影的预售、前期制作和后期宣传过程，这是互联网进一步渗透传统行业的良好例证，同时猫眼电影也在进一步完善其闭环体验，从信息获取到方案评价、消费、电影反馈都在全面铺开。目前，猫眼电影通过低位的价格和在二、三线城市的快速布局进一步占据移动端的入口，正面迎战格瓦拉、时光网和豆瓣等“互联网电影”组织。

猫眼电影的盈利当前主要是电影票的毛利和电影宣传，依托海量数据和成熟的线上线下运营策略，我想后续还会逐步深入到电影的制作发行等阶段，真正改变“买票的”这样的定位。

未来的 O2O 接触点，一定是更多由美团、百度地图、大众点评、赶集网、58同城、去哪儿、携程、亿龙这些平台提供。

（三）门店的O2O连接

苹果公司成功地实现了文化、产品、品牌和口碑之间的良性循环。为了尽可能地贴近更多的消费者，扩大“果粉”以外消费者对苹果产品的认知，苹果零售店（Apple Store）精心设计了呈现“数字生活中枢”的用户体验场景。为了进一步扩大销售的覆盖面，2001年史蒂夫推出打造Apple Store的计划，截至2015年5月，全球共有285家Apple Store。Apple Store打造的是数字生活全面体验的空间，店内的区域都以方案解决区域为中心设计，方便顾客找到解决问题的整体方案。为了实现产品与顾客生活体验的契合，店里没有晃眼的灯光、嘈杂的音乐或者推销产品的售货员，顾客可以摆弄各种机器。店里设有一对一的零售店会籍，通过面对面的私人培训Mac使用的基础知识，完成从旧电脑到苹果电脑的转换。天才吧是苹果店的另一个创新，让顾客可以与维修人员面对面地进行问题检修。另外，消费者还可以参加Apple Store零售店举办的讲座，从Mac入门到数码摄影、音乐和影片制作；以及每年夏天针对儿童举行的夏令营。随着对公司零配件供应渠道的简化，加上数字化供应链管理，苹果的运行越来越紧凑。早在1997年，苹果便开始运营网上商店，方便消费者直接在网上定购产品。2008年，苹果被美国权威市场预测研究机构AMR Research公司评为全球供应链管理和绩效第一位，超过了诺基亚，2009年，苹果再次位列第一。

第四章

“互联网+”再认识

通常真正的颠覆一开始往往来源于非主流，质量差，规模小，让人不注意。200 年前，帆船已经是高科技，海上马车夫荷兰人的帆船横渡五大洲四大洋。那时候，制造帆船的公司是一个全球性的大公司，在全世界范围内基本上没有对手。但是工业革命导致第一艘蒸汽船诞生了。那时候的蒸汽船还不能行驶太远，声音吵，不可靠，价格又昂贵。只是它能逆流而上，这一点是帆船做不到的，但这一点看起来并不起眼，帆船制造公司并不在意，根本不觉得这是威胁。但没有想到，这样一个突破口却是一门新的生意，推动了行业的变革。随着技术的发展，蒸汽船变得越来越好，也越来越可靠，最终颠覆了全球性的帆船制造公司。

从企业对用户的影响角度，“互联网 +”是一种颠覆。互联网化的企业能够更直接地影响用户，更快速地传递信息给用户。以腾讯为例，腾讯以前只知道用户的 QQ 账号，现在通过微信又掌握了用户的手机号。这样，当腾讯在向用户进行影响传播的时候，可以直接抵达用户。而传统企业与用户的沟通更多是采用单向的广告式传播，只有在消费者接触传播媒体时候，企业的信息才传递给消费者。即使是传统互联网的门户网站似的广告，只要电脑一关机，用户实际也是脱离了这个连接点。随着移动互联网的到来，虚拟与现实世界相融合，每个用户在网络中的社交网络将更加庞大，连接明显增强。而互联网化的企业，通过互联网连接用户，直接掌握真实的用户信息，营销一触即达。

从企业对用户的了解来看，“互联网 +”是一种颠覆。互联网化企业对用户的感知深刻，且洞察力更强，甚至比用户自身更懂用户。通过移动互联网，企业能够更准确地感知一个用户的状态，并以此为基础，增加理解和连接用户的深度。企业通过互联网获取大量用户信息后，进一步通过大数据平台进行储备与挖掘。

从用户感受来看，“互联网＋”是一种颠覆。通过移动互联网，企业能够获得的另一个竞争优势，是创造良好的用户体验，带着互联网思维去做的黄太吉和雕爷牛腩，其客户体验就收到了普遍赞誉。所谓互联网思维，非常重要的就是做到极致的客户体验。与之相比，传统企业的很大问题在于，不清楚到底是谁买了自己的商品，更无法掌握用户的使用习惯。尽管产品没少卖，但对客户的把握实际上极为脆弱，这样的模式在未来商业世界中是行不通的。

从用户的交易地位来看，“互联网＋”是一种颠覆。通过移动互联网或其他互联网方式，企业通过互联网化，可以真正把权力归还给消费者，实现消费者主权。消费者的声音，在互联网的网状系统中被放大、被扩散，去更有力地影响现实世界。如淘宝买家的差评对于淘宝商家的影响，用户点评对大众点评网上的饭店的影响。自媒体的兴趣，任何一个用户都可以用微信、微博、博客、论坛社区发帖，甚至在自媒体平台上写文章等方式来发出自己的声音，对企业及其商业行为做出评判。甚至，消费者还可参与到企业项目投资、产品开发、设计制造之中，如众筹、众包的出现。用户在互联网化的商业平台上拥有了空前的消费者主权。

但颠覆你的，不一定是你的同行，很有可能是来自于边缘或跨界的企业。这一次，他们将从何处而来呢？他们一定是穿越互联网而来！创造增量，穿越传统企业转型互联网的黑洞！

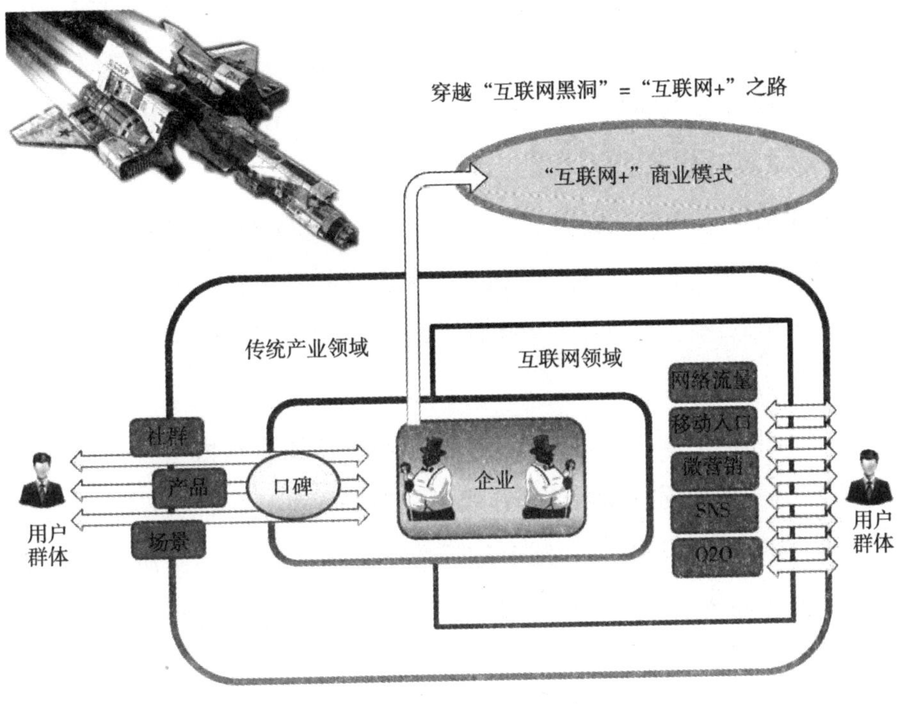

图 4 – 1 “互联网 +” 之路

一、“互联网 +” 的出现

（一）技术的颠覆

1946 年美籍匈牙利科学家冯 · 诺依曼提出存储程序原理，“把程序本身当作数据来对待，程序和该程序处理的数据用同样的方式存储，并确定了存储程序计算机的五大组成部分和基本工作方法，是为冯诺依曼结构”。依据这个原理，计算机技术开始发展起来。

1971 年，英特尔公司推出了世界上第一款微处理器 4004。当时它只吸引了极少数人关注，一个叫比尔的人，还有一个叫乔布斯的人。只有极少数人意识到，一个变革的时代即将来临。1977 年，乔布斯的苹果在美国西海岸电脑展上推出 AppleII 型个人计算机，获得巨大成功。Apple II 一直被苹果生产，直至 1980 年。

苹果的巨大成功，引起了计算机工业巨人 IBM 的警觉。

1981 年 IBM 推出个人计算机，一个全新的时代开始了。IBM PC 是 IBM 个人电脑的缩写，它是 IBM PC 兼容机硬件平台的原型和前身，其模型号码为 5150。

1981 年 8 月 12 日它被引入。它是 IBM 佛罗里达博喀拉藤（Boca Raton）的一组工程师和设计师在唐·埃斯特利奇（Don Estridge）的领导下设计的。“个人电脑”这个称呼最早用来描写 1972 年施乐帕洛阿尔托研究中心研制的施乐奥多型电脑，1981 年前这个称呼就已经相当普遍，但是由于 IBM PC 的巨大成功，此后这个词几乎只被用于与 IBM 标准兼容的微型计算机了。

在 1985 年以前，IBM 是整个计算机行业的绝对老大。20 世纪 80 年代初，比尔·盖茨与 Intel 联合起来为 IBM 提供 PC 机软件的时候，IBM 并没有把他放在眼里。因为 IBM 拥有全球最大的主计算机市场（大中型计算机），制定了计算机工业的标准，成为计算机的代名词。随着微型计算机的兴起，IBM 制定了 PC 微型计算机标准，席卷了整个微型机市场，IBM 认为唯一的对手是当时的苹果电脑公司。

但是最后的结果却是，苹果并没有颠覆 IBM，颠覆 IBM 的是微软公司组建的“Wintel”联盟。这个联盟由微软 Windows 操作系统、Intel 公司、AMD 公司组成，他们为全球的电脑公司提供了 Windows 电脑操作系统软件与英特尔 X86 指令集 CPU 处理器。最后，全世界的 PC 机公司都被微软的 Wintel 联盟控制了，微软变成了 PC 计算机时代无人能够竞争的公司，制定着整个PC计算机工业的标准。

当互联网刚刚诞生时，全球最大的信息技术公司是微软公司，最大的通信技术公司是诺基亚、摩托罗拉，他们担心的是一家互联网软件公司Google、互联网通信公司Skype。Google利用搜索引擎垄断互联网应用市场，并试图通过网络操作系统来侵蚀Windows市场。而Skype试图通过P2P网络通信颠覆传统通信公司。但他们都没有意识到，真正敌人并非他看得见的竞争对手，而是从另外一个领域跨界而来的公司。

1997年，乔布斯回归濒临倒闭的苹果电脑公司，专注于消费类智能数码产品，微软公司根本没放在眼里。2007年，苹果推出移动互联网手机iPhone，乔布斯将手机直接变成了一台电脑，首先就将手机老大诺基亚打趴下，将摩托罗拉、索尼爱立信搞得无还手之力。三大手机巨头都被苹果踩在脚下。同时，让微软公司也想不到的是，苹果推出的iPhone手机实质是一台移动互联网设备，其IOS实质是一个移动计算机操作系统，苹果通过智能手机占据了移动互联网软硬件市场，同时带动了PC市场，冲击着Wintel联盟。这下，微软公司傻眼了，而联盟里的Intel公司、AMD处理器公司也日薄西山。

从计算机技术，到信息技术，再到网络技术，再到移动、智能、大数据、云计算，人类的信息网络科技就是一部不断颠覆的历史。

（二）网络的连接

美国的未来学家凯文·凯利，号称预言帝，在《失控》一书中，他提到了一种类似于蜜蜂蜂群的蜂窝状网络结构。这是一种分布式的自治系统，在自然界有不同形式的存在，伴随系统的是一种相互之间多角度的连接。

就像蜂窝一样，整个蜂群由一个个蜂虫有机体构成，虽然每个有机体有自己简单自由的思维，但成千上万个蜂虫通过相互联系——蜂群个体之间的“8 字舞”通讯。正是这种通讯连接，创造了蜂群统一的共同思维，并且共同进化。而蜂群思维又扩大了连接，扩张了网络。这种蜂群思维，它不是存在于具体单个蜂虫身上，而是存在于整个蜂群中，让蜂群成了一个共同进化集群。

整个蜂群实质上已形成一个统一思维的有机体集群。没有一只蜜蜂在控制它，但却有一只看不见的手，从大量混沌的蜂虫成员涌动中，控制着整个群体。它的神奇还在于，蜂群的量变将引起质变，单只虫子不具备任何影响力，只需要增加虫子的数量，使大量虫子聚集，并使之互相通过网络交流。随着数量的增长，复杂度达到一定程度，这时候一个共同进化的集群就会从虫子中诞生。在这个集群中，连接是保障蜂群进化的最关键环节。

互联网正是人类社会中最大的一个蜂群网络，它的发展就像这蜂群系统一样。你可以想象一个人类大脑群体思维记忆库的建立，最初的时候各个神经记忆节点的搜索路径是尚未建立的，当我们反复使用的时候就慢慢形成强的连接。互联网出现之前，这些连接记忆节点的路径是微弱的，强连接是极少的，但是互联网出现后，这些路径瞬间全部亮起，所有记忆节点都可以在瞬间连接。

人类的思维也是一种蜂群思维，在互联网诞生以前，人与人之间的信息与记忆节点没有直接的连接，或者说，即使出现了邮件、电话、电报、传真，但连接路径是较少的，力量是微弱的。但是在互联网出现之后，这些路径瞬间全部如黑夜里探照灯照亮的飞机跑道一样，全部亮起。比如微信，它改变了亿万中国人的社交与家庭沟通的连接，以前一个家庭，如果子女离开父母，远去他乡，如果需要联系交流，则要通过

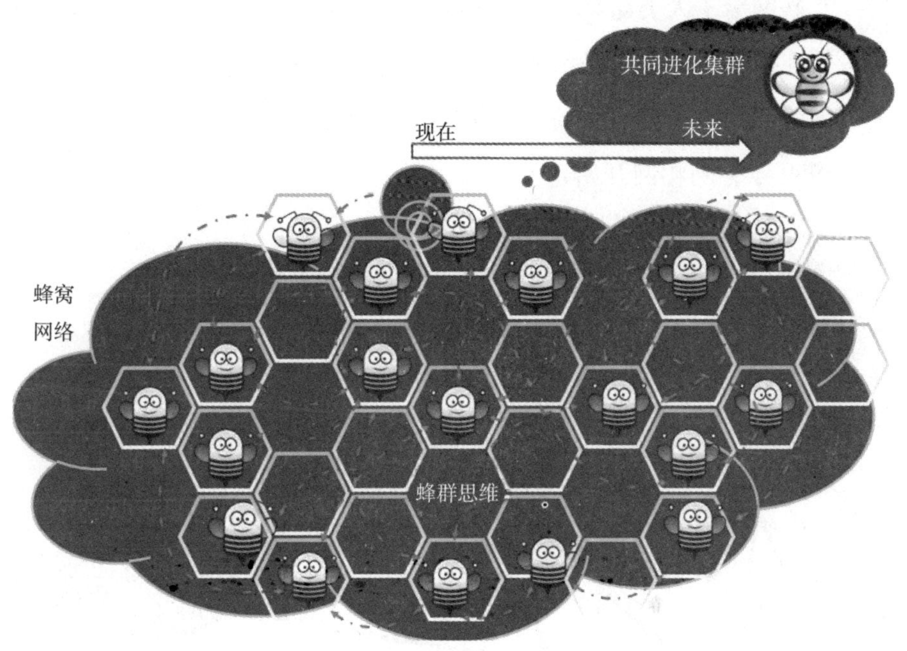

图 4－2　互联网是蜂群思维的产物

信件，然后是电话，但是长途电话总是让人感觉到有距离感。微信出现了，它通过即时语音，让交流双方感觉不到距离，仿佛近在咫尺一样；微信群可以让一个家庭里的成员，即使在不同地方，也如同在一个房间里一样；朋友圈图文，则让不在同一空间的好友都好像生活在自己旁边一样。这是微信，它其实只是一个手机 App，但创造了巨大的连接。

同样，智能手机本质上成了人的器官的一个延伸，它有摄像头、有感应器，几乎人的很多器官功能都延伸了，而且通过互联网连在一起，这是前所未有的。微信是人与人之间的连接，微信订阅号是人和媒体的一种连接，微信服务号是人和服务的一种连接。PC 互联网、无线互联网、物联网等，这不过是互联网在连接层次上的不同发展阶段，它最终会成为一个全面连接的蜂群网络。

互联网给了人类超越以往的体系支撑，人通过网络获得延伸性的增强，并连接在一起。这是前所未有的，这个连接产生于1958年成立的美国国防部高级计划研究局（DARPA）。

1969年，阿帕网开始建立。

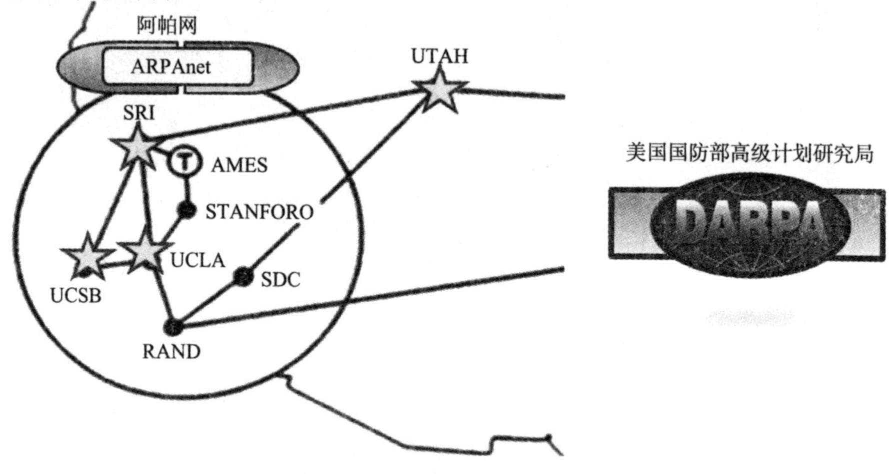

图4-3　DAPPA组建的无中心网络阿帕网

1970年，阿帕网初具雏形，向非军用部门开放，许多大学和商业部门开始接入，同时在美国东海岸地区建立了首个网络节点。然后阿帕网迅速扩大，众多的计算机跑步般被编织入网，平均每20天，就有一台大型计算机节点接入。

1973年，阿帕网跨越大西洋，利用卫星技术与英国、挪威实现连接。卡恩发明了TCP/IP协议（异种结构网络互联协议），更多网络通过协议进行互联。1983年1月，TCP/IP成为人类至今共同遵循的网络信息交换与传输控制协议，成为互联网的灵魂。互联网之父罗伯特·卡恩说：“IP 地址可以让你在全球互联网中联系任何一台你想要联系到的计算机，让不同的网络在一起工作，让不同网络上的不同计算机在一起工作。”

互联网的灵魂，TCP/IP 所代表的连接，开始了大规模扩张。在阿帕网上，每一个交汇点都是平等的，每一个点到达另一个点，都有一张网通向所有的连接，提供无限途径。节点的增多就带来网络的扩张，新加入一个节点，会让已有节点路径与网络规模得到相应扩张。每台连入的电脑，就是蜂群里的一只小蜜蜂，让整个群体变得更加有效。每个信息点都是平等的，处于特权地位的信息中心被解构了地位，网络让地球变得更加扁平化。

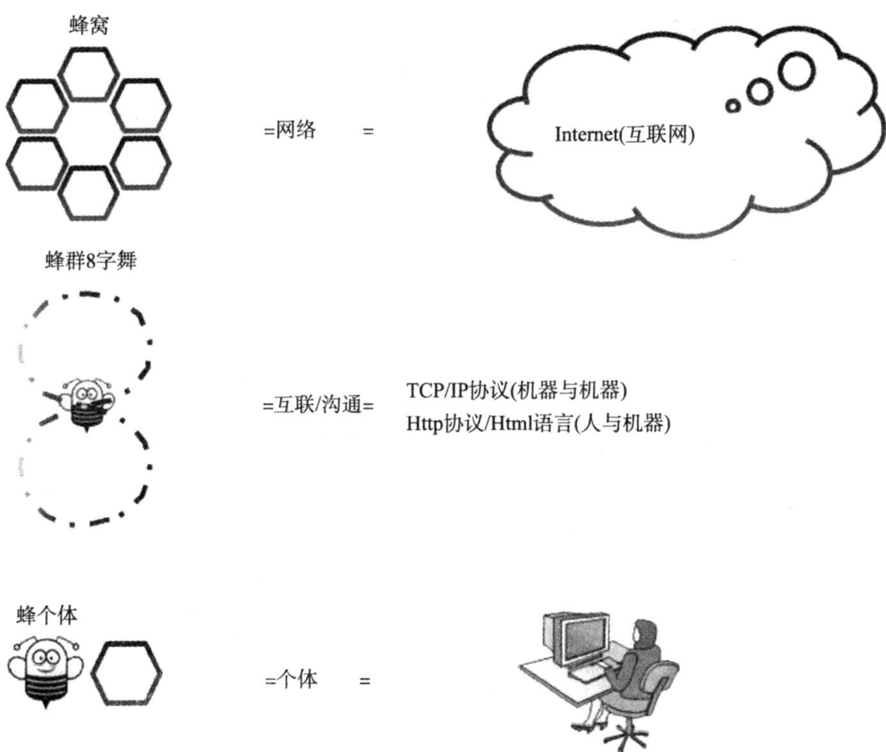

图 4－4 互联网就是一个蜂群网自治系统

蒂姆·伯纳斯·李发明了万维网及 Http 协议。他认为应该存在一个假想的、虚拟的空间，使得不同的电脑、不同的电脑软件系统能够交换数据。1991 年，伯纳斯编写出 Http（超文本传输协议）和 Html（超文本标记语言），就是电脑之间交换信息时所使用的语言，通过 Html 网页，一个普通人即使不懂电脑不懂网络，也可以随意上网连接上任意一台机器。而每次键入网址时出现的 Http，伯纳斯命名为 World Wide Web，它代表网页概念，就是人连接计算机的窗口。通过它，人与机器、人与人的连接开始了。互联网就是一个一个蜂群网络自治系统，不断扩张，每一个人、每一台智能终端（PC 机、智能手机、智能外设等）都是一个蜂虫个体，而 TCP/IP 协议、Http 协议、Html 语言就像是蜂虫的“8 字舞”一样，用于沟通与互联。

（三）连接推动“互联网 +”的来临

互联网就是一个人类社会产生蜂群式网络的自治系统，互联网就是一个不断扩张的“硅”智能蜂窝网络，每一个人，每一台智能终端都是一个蜂虫个体，而 TCP/IP 协议、Http 协议、Html 语言用于个体间沟通与互联。这个人工制造的蜂窝系统不断连接的结果，就是使整个网络蔓延、扩张、越界，最终将连接从线上走到线下，导致传统产业面临“互联网化”的全面改造。

大到汽车制造，小到路边快餐店，都可以在“互联网 +”的技术整合下，通过互联网将企业与消费者实现紧密的连接。企业将重构营销、渠道、传播、终端业态，驱动组织机构重塑，实现“互联网化的业务流程重组（BPR on line）”，实现真正的全连接和零距离。互联网的核心本质——连接，开始全面整合人类社会，发挥出前所未有的作用，推动“互联网 +”时代的全面来临。

互联网核心本质是“连接”，正是连接在全面整合传统工业社会，发挥着前所未有的改变，它推动了“互联网+”时代的全面到来。

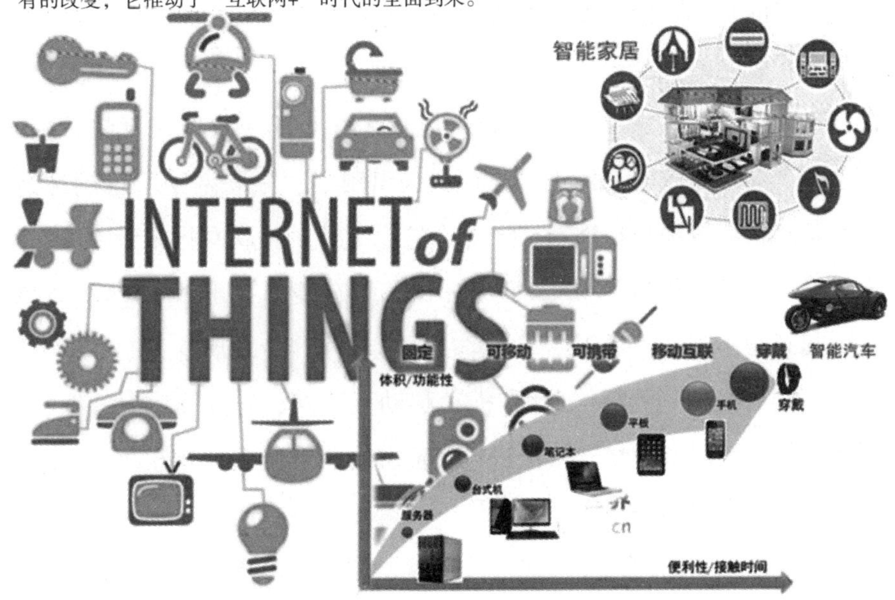

图 4－5　互联网的核心本质是连接

雷军式的小米并非今天所独有，过去一直都存在，只不过是另外一些不为人所知的野心勃勃的机构，他们推动这种连接的扩张，推动互联网出现，推动移动互联网爆发，推动“互联网 +”的到来。

二、“互联网 +”的本质与影响

（一）“互联网 +”的本质

1993 年 9 月，美国总统克林顿提出“信息高速公路”，宣布实施高科技的“国家信息基础设施行动计划”，旨在以因特网为雏形，兴建信息时代的信息高速公路，计划用20年时间，耗资2000亿~4000亿美元，以建设美国国家信息基础结构（NII），作为美国发展政策的重点和产业发展的基础，使全美国拥有海量共享的信息资源，最终将美国全面推进了互联网时代。

2015年3月，第十二届全国人民代表大会第三次会议开幕，国务院总理李克强作政府工作报告，首次提出制定“互联网+”行动计划，将互联网列为一项战略性新兴产业，这意味着，互联网将成为中国的国家战略。这完全相当于1993年克林顿总统在美国提出NII计划，它对中国起到的作用，不亚于当年推动美国互联网产业发展的NII计划。

“互联网+”行动计划旨在推动移动互联网、云计算、大数据、物联网等与现代制造业结合，促进电子商务、工业互联网和互联网金融健康发展。国家将加快建设光纤网络，大幅提升宽带网络速率，发展物流快递，把以互联网为载体、线上线下互动的新兴消费搞得红红火火，并扩大跨境电子商务。

1. “互联网+”是中国的一次产业革命

可以看出，“互联网+”的实质是一场工业革命里程碑式的产业革命，是对整个中国社会经济的重大改造与商业价值重构。“互联网+”通过技术化、流程化、平台化会扩展到各行各业，对传统社会经济进行完全解构，通过互联网和非互联网的跨界融合，创造更多原有模式之外的变量。随着融合的进一步加深，今后没有纯粹的互联网和非互联网，所有行业都可以统称为“互联网+”行业。

从分散到集群，从提速到创新，从腐蚀到连接，传统互联网改造传统行业往往是点状的。这主要是因为在互联网发展第一阶段，互联网只能更多地基于自身形成产业化，比如网络搜索、网络社交、虚拟空间等。但随着近年来互联网公司产业化、平台化、生态化进入成熟期，以

BAT 为代表的互联网平台将用综合性的解决方案，实现与传统行业一站式的联通，使互联网化从分散到集群。

提高效率也是互联网的一个显著优势，互联网对于一部分转型电子商务的传统企业更多是一种加速器，而在“互联网 +”时代，互联网不再是一个传统行业的加速器，而是一种创新。它更是一个连接器，将互联网与传统行业完全连接起来。

优化资源配置是互联网进入传统行业的最明显优势，从电子商务一开始就表明了这个特点，但这往往是以传统行业的市场缩减与消亡为代价的，在这个时候，互联网是一个腐蚀器，与传统行业的很多企业往往是针锋相对的。而在“互联网 +”时代，互联网不再是腐蚀剂，而是一个营养剂，会给企业带来源源不断的生命力，在传统行业中找出新商业模式和就业机会。

互联网正在由改变价值传递环节进入价值创造环节。以往我们谈及互联网，互联网就是社交、电子商务、游戏，尤其是电子商务，它用互联网的方式改变了传统的物流、信息流和资金流。但今天不一样了，互联网正在直接进入价值创造过程，更为直接的是进入到产品创造过程中。最为典型的是产品研发设计过程中的众包模式，以汽车制造为例，德国 Street Scooter 公司让所有供应商都利用互联网平台，参与到最后产品的设计流程中来，这对传统汽车制造商是毁灭性的打击。

2. “互联网 +”对传统互联网平台的影响

腾讯认为自己就是一个工具，而这个工具不是普通的工具，它像蒸汽机车、内燃机、电力甚至核能一样，所有行业都可以用。随着互联网和传统行业不断地融合，互联网将成为一种信息驱动的能源。这样，所有的行业都可以把“互联网 +”融入自己的企业当中，为自己的企业加入信息驱动能源。中国有 6.5 亿网民，其中 5.6 亿通过手机上网，手机用户全球第一。这意味中国的移动互联网市场将会是全球第一，这样大的基础会形成5.6亿人24小时不间断地和周边产业与传统行业保持实时连接，因此，腾讯基于QQ与微信，只做连接器和内容产业开放平台。

百度、360是切入搜索引擎。搜索引擎是什么？是做“互联网+”的信息库，是信息与数据产业库。电商平台也是互联网巨头们的一个重要的连接器，以淘宝网、京东为代表，以B2B与B2C商业为中心地打造服务平台，形成“互联网+”工商业生态圈。

小米打造了三个连接器，小米手机、MIUI系统、小米商城。通过这三个平台产品，小米打造了一个移动互联网的跨界连接平台。

而滴滴打车与快的打车的合并，58同城与赶集网的合并，都是为了强强联合，形成统一的O2O平台。

巨头们的“互联网+”连接策略就是打造开放平台，比如腾讯，其“互联网+”模式是去中心化，场景化的、跟地理位置有关的需求分别实现，最大限度地连接各行各业，并对传统行业能够在自身垂直领域做出成绩的合作伙伴进行整合，塑造强大的生态。腾讯开放平台在3年内产生了超过2000亿元的产值，分成则达数百亿元。通过QQ与微信的“互联网+”，出现了更多的O2O结合，更多的创客、创业企业跟每个产业、每个行业深度整合。腾讯积极推动跟各大城市做“互联网+”合作，在各个领域进行“互联网+”的融合，提出“互联网+指数”概念，客观评价城市的产业在“互联网+”当中进展的程度和结合的程度。

（二）“互联网+”对于传统行业商业结构的根本改变

1. 改变原有连接关系，改变分销或流通渠道环节

“互联网+”会重构原有经济结构中的供需双方的连接关系，导致

连接环节的改变，甚至变成零距离的沟通，使得商品交易中各相关利益方都可以自由地瞬时表达自己的价值诉求与价值主张。

具体来说，过去我们受限于时间、地点、流程等不透明信息导致的高成本，“互联网+”以后就能实现在线化（24小时接入）、规模化（一点接入，全球覆盖）、去渠道化（减少流通成本）。典型例子就是打车软件，大大提升了乘客和司机对接效率，但另一方面，出租车供给量和乘客打车需求原本就在那里，“互联网+”将这种存量的效率和体验发挥到极致。

依靠长渠道或众多环节以及暗箱运作来获取利益的空间会越来越小，取而代之的是效率的提升与环节的创新。信息不对称的环节，将被边缘化或颠覆，而互联网的零距离将最终实现。依靠中间环节获取利润空间的企业形态将消失，依靠地域、行业效应实现壁垒或垄断的行业将被颠覆，大规模化工厂将被取缔，那些通过信息不对称而造成的特殊长渠道与多环节将会被抵消。原有供应链上的掌控不对称信息的关键角色——权力，在稀释、衰退甚至终结。价值链上的流通渠道霸权、分销渠道霸权、零售终端霸权将逐渐丧失主控力。如特斯拉通过社会化媒体接触用户，在自有电商销售产品，根据用户预订量分批生产产品，从而实现“零营销费、零渠道费与零库存费”的成本结构。

一切都是全连接与零距离。

2. 改变原有交易双方的信息结构

通过“互联网+”，传统行业各个领域的交易双方，信息不再是不对称的，卖方不再掌握信息主导权，而消费者主权也将出现。互联网连接一切并消除距离，将会把消费选择权真正交回到用户手中。“互联网+”将改造基于信息不对称的传统行业，使信息透明化，彻底改变原有商业社会中的交易双方的信息不对称局面。

3. 改变原有企业的资源结构

在没有互联网的时代，传统企业的资源是资本、技术、市场、客户、合作伙伴等，在“互联网＋”时代，企业所拥有的海量的市场信息和用户数据将是最宝贵的资源。对于企业来说，在互联网环境下，掌握足够大量的数据，并对这些数据进行分析、挖掘，将直接影响企业战略决策。所以，在某种程度上，信息化的另一面是信息垄断，也就是更高规格的信息不对称。当然这个信息不对称指的是竞争对手间的，而非交易双方的信息不对称。

4. 改变原有供需关系，创造新的“互联网＋”需求

“互联网＋”与各行业相结合产生新模式，最后产生核聚变一样的效应，传统行业将会产生质变，供需双方在结构上的供应方式与需求来源都可能发生改变。传递价值这一环节已经被重构，互联网将真正进军传统产业，重构商业的源头，创造价值端。

这种质变不仅提升效率，还对整个市场产生根本的改变。在之前的互联网时代，很多企业只是在“传统行业互联网化”，物理叠加并改善存量。比如当前很多传统企业的互联网转型，用电子商务去转移企业原有市场存量。但现在企业才是“互联网＋”，化学反应后创造增量，利用互联网技术实现效率重建。传统行业与互联网跨界融合后，不只是改善了效率，还在供给和需求两端都产生增量，从而建立新的流程和模式。

供给端是点石成金，将原本的闲散资源充分利用。需求端则是无中生有，创造了原本不存在的使用消费场景。两者结合，将会创造更多需求，以及新的供求关系。例如专车软件，与打车软件不同，它的模式是将社会中更多的闲散车辆集中起来，成为商品资源进入商业流程，增加了供给；而乘客则在打车之余，多了专车的选择，需求也增加了。如高德地图基于交通大数据云，开放我们的大数据能力，能够提供实时拥堵

路段排行、历史拥堵指数对比等，并基于此提出智能躲避拥堵的出行解决方案。当这些能力与交管局、交通电台及其他各行各业合作时，就能创造出全新的供需关系。

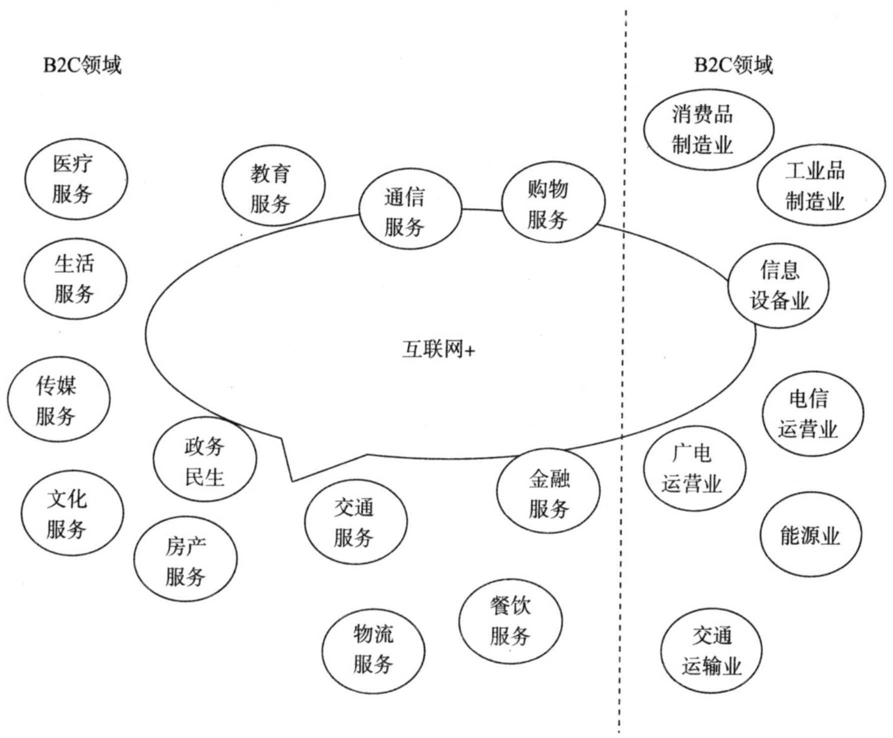

图4-6 “互联网+”与各行业相结合

延伸阅读

你不改变规则，规则就来改变你

一、商业思维需要改变

2012 年上半年，百度董事长李彦宏首次提出“互联网思维”一词。他说，企业家们今后需要有互联网思维，未来企业做的事情就算不是互联网，但企业领导者思维方式需要靠近互联网，要用互联网方式去想问题。从此互联网思维一词开始传播。

2012 年 6 月，笔者在咨询广州中大布料市场一个 B2B 电子商务项目时（广州名仕魔方公司“买布卖布网”），也提出在电商运营中存在一种“互联网哲学”，包含“思维”与“存在”。“思维”指在电子商务运营的上层建筑规划，而“存在”即指电子商务实操，当然这只是一种关于互联网思维的早期思考。

而在互联网思维的最大鼓吹者雷军看来，互联网是一种考虑未来的方法，开放、透明、合作，都是互联网的精神，这说明互联网思维是一种思维方式。

如果说蒸汽革命（人类第一次科技革命）引发的是工业 1.0，那么电气革命（人类第二次科技革命）引发的是工业 2.0，战后新技术革命（人类第三次科技革命）引发的是工业 3.0，那么“互联网 +”引发的就是当前风靡全球的工业 4.0，它所对应的思维就是互联网思维。

相对于传统工业化思维而言，它是商业逻辑与规则的重新定义。是在（移动）互联网、大数据、云计算等技术背景下，对市场营销、商业模式、价值链、生态的重新思考。它否定了大规模生产、大规模销售（渠道、终端）、大规模传播（传统广告、媒体）这套体系，强调连接是基础，是前提。

因此，它要求新的规则来与之相配。

思维与存在，以及两者间关系是哲学的永恒命题
哲学是最高层次的管理思想

图 4－7　互联网哲学

二、传统营销理念溯源

传统营销的基本结构就是围绕着细分市场、目标市场营销、定位，然后从 4P、4C 两个层面去做 IMC，即整合营销传播，如图 4－8 所示。

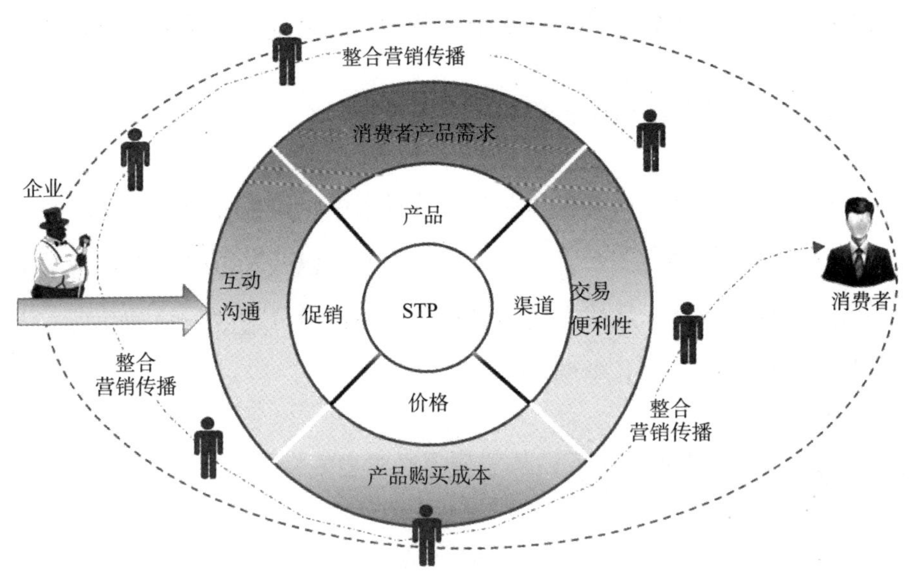

图4－8　传统市场营销理论

（一）营销的禅宗始祖：4P

传统营销始自美国营销学学者麦卡锡教授在20世纪60年代提出的4P，就是以产品为中心，从企业思维出发策划营销的各种要素。产品：产品的开发、生产、技术、设计、类型、质量、外观、式样、包装、服务；价格：产品价格的定价、折扣、付款条件、借贷条件，以及与价格相关政策；渠道：主要指分销与渠道，包括仓库、存储、运输、分解、存货控制等；促销：销售促进、广告、公关、人员推销、终端推广。

（二）营销的五祖慧能：定位与STP

4P先研究顾客的心理与行为，规划STP营销战略，在细分市场（Segment）的基础上确定市场目标（Target）和市场定位（Positon），再根据目标顾客的特点和顾客价值这些营销战略要素来策划 4P 或 12P。

（三）营销需要 IMC：用同一个声音说话

IMC 整合营销传播是指企业在经营过程中，以由外而内的战略观点为基础，为了与利害关系者进行有效的沟通，以营销传播管理者为主体所展开的传播战略。现代管理学将整合营销传播分为客户接触管理、沟通策略及传播组合等几个层面。

（四）营销需要 4 个 C：从消费者需求出发

4C 营销：即消费者（Consumer）、成本（Cost）、便利（Convenience）和沟通（Communication）。4C 强调从消费者需求出发，“满足顾客需求，降低顾客购买成本，购买便利性，营销沟通”是一种营销理念和理想的营销标准，4C 特别强调了顾客需求和双向互动沟通的重要性。

（五）营销的其他创新理念

4P 是一种营销策略和营销战术手段，4C 是一种的营销理念和营销标准，4C 最终是通过 4P 为策略和手段来实现的。如提升顾客购买的便利性就要通过渠道策略来完成，要满足消费者需求，要通过产品策略、广告公关等促销策略才能达成。4P 与 4C 没有本质区别，只不过从以产品为中心变成以消费者需求为中心，营销就又增加了一些 C（4C 和 IMC）。以上就是传统营销的演变与进化。

网络营销指基于互联网、移动互联网平台，利用信息技术与软件工具满足公司与客户之间交换概念、产品、服务的过程，通过在线活动创造、宣传、传递客户价值，并且对客户关系进行管理，以达到一定营销目的的新型营销活动。网络营销是为发现、满足或创造顾客需求，利用互联网（包括移动互联网）所进行的市场开拓、产品创新、定价促销、宣传推广等活动的总称。

三、市场营销理念需要改变

在互联网碎片化、泛连接下，传统市场营销理论愈来愈难以奏效了。竞争战略大帅迈克尔·波特（提出著名的企业竞争战略及五力竞争模型）的咨询公司倒闭就已经说明了传统理论已经不适应现在的社会经济与市场形势。而目前定位理论屡招质疑也在一定程度上反映出传统市场营销的穷途末路。我们面临着重新洗牌！因此，传统需要变革，市场呼唤新的商规！

而新的商规直接冲击着原有的定位营销理论。20 世纪 70 年代，定位观念认为营销的战争是一场关于心智的战争，营销竞争的终点是消费者心智，心智决定市场，也决定营销成败，这其实就是营销是一场幻觉、错觉心理暗示的最早来源，根据前面的分析阐述，此观点已经完全落后，并不合时宜。

20 世纪 80 年代，《商战》一书基于定位，提出了营销战略规律，即市场营销中，根据企业自身定位，实施“防御战”“进攻战”“侧翼战”“游击战”，这个战略理论的局限将在后面论述。

20 世纪 90 年代，艾·里斯依据定位提出“聚焦”观点，认为企业与品牌要获得竞争力，唯有聚焦，这个其实完全符合互联网产品思维的专注法则。二者本质上并无冲突，只是定位认为要专注品牌，而互联网思维要专注产品。但是定位所提出的聚焦的观点，却仍然是非常有效而且实用的，可以聚焦在用户群体，也可以聚焦在产品运营，同时也可以聚焦在传播上的“视觉锤”。

21 世纪，定位理论发展出“开创新品类”观点。认为消费者是按品类思考，以品牌来表达。但是，由于“差异化空间饱和”，开创新品类，不是不可能，而是极其困难。

其实关于定位，有个著名的争论。

特劳特中国公司的邓德隆先生坚决支持定位，认为小米盒子、电视、平板是做不好的，顾客心智对应品牌定位了，小米所有战略和其他资源都要围绕这个定位展开，应该从顾客、潜在用户的心智定位出发去发展，而不能一厢情愿做平台、做生态。他认为小米在广大消费者心目中的定位是直销手机，即利用互联网直销手机，省去中间环节及费用，低价，让顾客觉得性价比高，小米的低价是直销手机定位带来的结果。而当前小米的平台和生态战略侵蚀的正是小米赖以迅速崛起的直销手机定位，因此小米不应该将高性价比概念延伸到任何其他产品线。

邓德隆认为小米是在实施品牌延伸战略，长期来看将导致顾客心智认知混淆，模糊品牌认知，最终破坏品牌苦心培育的心智资源，使品牌贬值。小米品牌延伸到平板、电视、路由器等领域，甚至智能家居，均以单一品牌覆盖，在各条产品线发力越猛，消费者对品牌认知就越模糊。对小米“做什么”的印象越模糊，对小米品牌的根系破坏就越厉害，最后会导致小米的崩溃。

而钛媒体作者金错刀则完全反对邓德隆的定位观点，他甚至认为在全面转型的“互联网 +”时代，定位理论不但陈旧，而是对很多传统企业而言，简直就是一株大毒草。

首先，金错刀认为定位理论第一考虑的是竞争对手，而不是考虑用户。

其次，他认为定位理论的基础是“数一数二”生存的二元法则，

而互联网时代的基础是长尾效应与赢家通吃的规则，二元法则在“互联网＋”时代不奏效了。最后，他认为定位理论的杀招是想办法成为品类第一，而互联网时代的杀招是爆品战略，不管是否品类第一。

最后，金错刀认为这种旧营销理论最大的危害是让企业继续推行一种以公司为中心的思想，这种思想在工业时代没问题，在互联网时代是很害人的。这揭示了当目前互联网渗透到大多数传统行业的时候，传统企业面临的问题所在。其实在这一点上，金错刀是完全正确的，但金并没有给出解决问题的有效方案。

要找到正确的答案，必须找到问题的根源，否则只能开出错误的药方。

问题的根源是当前的商业环境（包括市场交易结构）由于互联网的出现，发生了根本性的变化，一是交易双方出现结构性信息对称，二是主流消费群体迭代在加快，三是差异化竞争空间越来越饱和。

而在接下来“互联网＋”的全面渗透下，这三个改变将更加明显，而且影响巨大。消费者市场将发生颠覆性的变化，基于静态市场的营销策略与战略将毫无用处！而在一个快速变化的商业环境中讨论静态营销分析工具，或者制定静态的营销战略，都如同于问道于盲。

“本土管理实践与创新论坛”成立

长期以来，中国企业在学习西方管理、本土化实践中不断进步。经济进入新常态，管理也要进入深水区。东西方企业与管理，有共性，也有个性。本土管理领域正在产生自己独特的理论与模式。尤其在移动互联时代，中国的情况与西方更不同，有很多新课题，需要本土专家们一起研究。

成立“本土管理实践与创新论坛”

倡 议 书

为此，博瑞森图书与各位本土管理专家作者，联合成立“本土管理实践与创新论坛”！“论坛”不以盈利为目的。“论坛”的宗旨是：

孵化思想——加速本土管理思想的孕育诞生

促进实践——促进本土管理创新成果更好服务企业、贡献社会

交流协作——加强本土管理界业内交流、协作

通过这个论坛，让本土实践与思想的交流定期化、常态化。在此平台上，各位作者把自己最新的观察感悟、思考成果、疑问困惑拿出来，或分享交流、或碰撞切磋、或合作攻关。通过举办“年度论坛”、出版《年度报告》等方式，百花齐放、百家争鸣，一起走出本土管理的大未来！

“本土管理实践与创新论坛”联合创始人

彭志雄、曾伟、宋新宇、杨涛、施炜、郭晓、张学军、秦国伟、宁立新、黄中强、程绍珊、张进、史贤龙、杨永华、高可为、史立臣、张博、李志华、张本心、余世耀、杜忠（以年龄为序，以示本土管理群体思想传承之意）

博瑞森图书分类导读图 + 书目

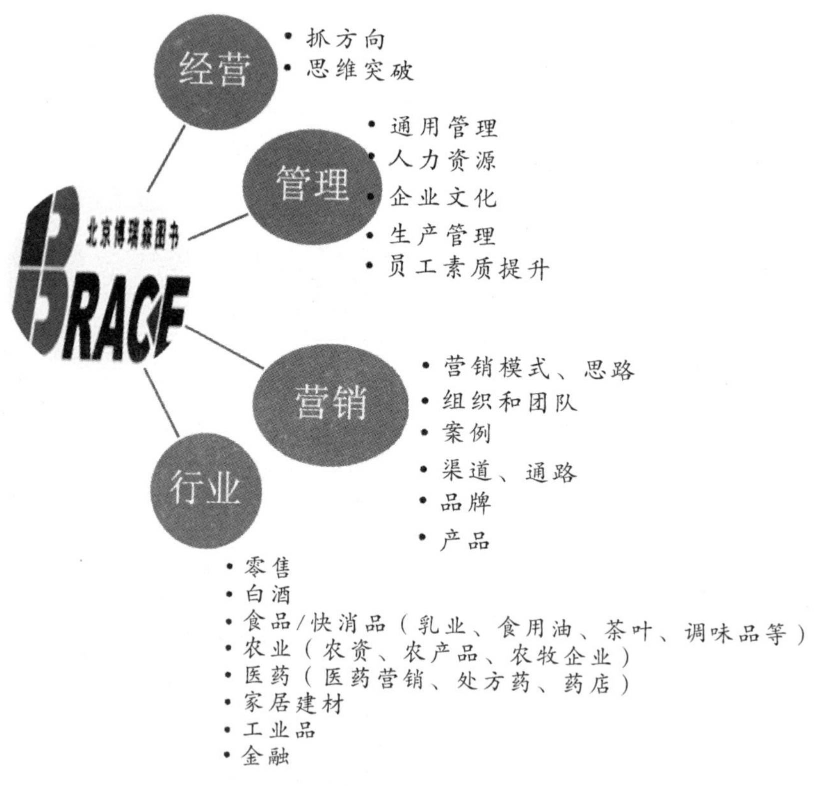

更多实战好书，请关注“**博瑞森管理图书网**”

BRACE http://www.bracebook.com.cn

博瑞森图书：多读干货，少走弯路

行业类:零售、白酒、食品/快消品、农业、医药、建材家居等			
	书名.作者	内容/特色	读者价值
零售·超市·餐饮·服装·汽车	1. 总部有多强大,门店就能走多远 2. 超市卖场定价策略与品类管理 3. 连锁零售企业招聘与培训破解之道 4. 中国首家未来超市:解密安徽乐城 5. 三四线城市超市如何快速成长:解密甘雨亭 IBMG 国际商业管理集团　著	国内外标杆企业的经验 + 本土实践量化数据 + 操作步骤、方法	通俗易懂,行业经验丰富,宝贵的行业量化数据,关键思路和步骤
	涨价也能卖到翻 村松达夫　【日】	提升客单价的 15 种实用、有效的方法	日本企业在这方面非常值得学习和借鉴
	零售:把客流变成购买力 丁　昀　著	如何通过不断升级产品和体验式服务来经营客流	如何进行体验营销,国外的好经营,这方面有启发
	餐饮企业经营策略第一书 吴　坚　著	分别从产品、顾客、市场、盈利模式等几个方面,对现阶段餐饮企业的发展提出策略和思路	第一本专业的、高端的餐饮企业经营指导书
	赚不赚钱靠店长:从懂管理到会经营 孙彩军　著	通过生动的案例来进行剖析,注重门店管理细节方面的能力提升	帮助终端门店店长在管理门店的过程中实现经营思路的拓展与突破
	汽车配件这样卖:汽车后市场销售秘诀 100 条 俞士耀　著	汽配销售业务员必读,手把手教授最实用的方法,轻松得来好业绩	快速上岗,专业实效,业绩无忧
白酒	变局下的白酒企业重构 杨永华　著	帮助白酒企业从产业视角看清趋势,找准位置,实现弯道超车的书	行业内企业要减少 90%,自己在什么位置,怎么做,都清楚了
	1. 白酒营销的第一本书 2. 白酒经销商的第一本书 唐江华　著	华泽集团湖南开口笑公司品牌部长,擅长酒类新品推广、新市场拓展	扎根一线,实战
	区域型白酒企业营销必胜法则 朱志明　著	为区域型白酒企业提供 35 条必胜法则,在竞争中赢销的葵花宝典	丰富的一线经验和深厚积累,实操实用
	10 步成功运作白酒区域市场 朱志明　著	白酒区域操盘者必备,掌握区域市场运作的战略、战术、兵法	在区域市场的攻伐防守中运筹帷幄,立于不败之地
	酒业转型大时代:微酒精选 2014 - 2015 微酒　主编	本书分为五个部分:当年大事件、那些酒业营销工具、微酒独立策划、业内大调查和十大经典案例	了解行业新动态、新观点,学习营销方法
快消品·食品	乳业营销第一书 侯军伟　著	对区域乳品企业生存发展关键性问题的梳理	唯一的区域乳业营销书,区域乳品企业一定要看
	食用油营销第一书 余　盛　著	10 多年油脂企业工作经验,从行业到具体实操	食用油行业第一书,当之无愧
	中国茶叶营销第一书 柏　龑　著	如何跳出茶行业"大文化小产业"的困境,作者给出了自己的观察和思考	不是传统做茶的思路,而是现在商业做茶的思路
	调味品营销第一书 陈小龙　著	国内唯一一本调味品营销的书	唯一的调味品营销的书,调味品的从业者一定要看
	快消品营销人的第一本书:从入门到精通 刘　雷　伯建新　著	快消行业必读书,从入门到专业	深入细致,易学易懂
	变局下的快消品营销实战策略 杨永华　著	通胀了,成本增加,如何从被动应战变成主动的"系统战"	作者对快消品行业非常熟悉、非常实战
	快消品经销商如何快速做大 杨永华　著	本书完全从实战的角度,评述现象,解析误区,揭示原理,传授方法	为转型期的经销商提供了解决思路,指出了发展方向
	一位销售经理的工作心得 蒋　军　著	一线营销管理人员想提升业绩却无从下手时,可以看看这本书	一线的真实感悟
	快消品营销:一位销售经理的工作心得 2 蒋　军　著	快消品、食品饮料营销的经验之谈,重点图书	来源与实战的精华总结
	快消品营销与渠道管理 谭长春　著	将快消品标杆企业渠道管理的经验和方法分享出来	可口可乐、华润的一些具体的渠道管理经验,实战
	成为优秀的快消品区域经理 伯建新　著	37 个"怎么办"分析区域经理的工作关键点	可以作为区域经理的'速成催化器'
	销售轨迹:一位快消品营销总监的拼搏之路 秦国伟　著	本书讲述了一个普通销售员打拼成为跨国企业营销总监的真实奋斗历程	激励人心,给广大销售员以力量和鼓舞

续表

农业	**农资营销实战全指导** 张　博　著	农资如何向"深度营销"转型，从理论到实践进行系统剖析，经验资深	朴实、使用！不可多得的农资营销实战指导
	农产品营销第一书 胡浪球　著	从农业企业战略到市场开拓、营销、品牌、模式等	来源于实践中的思考，有启发
	变局下的农牧企业发展9大策略 彭志雄　著	食品安全、纵向延伸、横向联合、品牌建设……	唯一的农牧企业经营实操的书，农牧企业一定要看
医药	**新医改下医药营销与团队管理** 史立臣　著	探讨新医改对医药行业的系列影响和医药团队管理	帮助理清思路，有一个框架
	医药营销与处方药学术推广 马宝琳　著	如何用医学策划把"平民产品"变成"明星产品"	有真货、讲真话的作者，堪称处方药营销的经典！
	新医改了，药店就要这样开 尚　锋　著	药店经营、管理、营销全攻略	有很强的实战性和可操作性
	电商来了，药店应该怎样开 尚　锋　著	电商崛起，药店该如何突围？本书从促销、会员服务、专业性、客单价等多重角度给出了指导方向	实战攻略，拿来就能用
	在中国，医药营销这样做：时代方略精选文集 段继东　主编	专注于医药营销咨询15年，将医药营销方法的精华文章合编，深入全面	可谓医药营销领域的顶尖著作，医药界读者的必读书
	OTC医药代表药店开发与维护 鄢圣安　著	要做到一名专业的医药代表，需要做什么、准备什么、知识储备、操作技巧等	医药代表药店拜访的指导手册，手把手教你快速上手
	引爆药店成交率1：店员导购实战 范月明　著	一本书解决药店导购所有难题	情景化、真实化、实战化
	引爆药店成交率2：经营落地实战 范月明　著	最接地气的经营方法全指导	揭示了药店经营的几类关键问题
建材家居	**建材家居营销实务** 程绍珊　杨鸿贵　主编	价值营销运用到建材家居，每一步都让客户增值	有自己的系统、实战
	建材家居门店销量提升 贾同领　著	店面选址、广告投放、推广助销、空间布局、生动展示、店面运营等	门店销量提升是一个系统工程，非常系统、实战
	10步成为最棒的建材家居门店店长 徐伟泽　著	实际方法易学易用，让员工能够迅速成长，成为独当一面的好店长	只要坚持这样干，一定能成为好店长
	手把手帮建材家居导购业绩倍增：成为顶尖的门店店员 熊亚柱　著	生动的表现形式，让普通人也能成为优秀的导购员，让门店业绩长红	读着有趣，用着简单，一本在手、业绩无忧
工业品	**解决方案营销实战案例** 刘祖轲　著	用10个真案例讲明白什么是工业品的解决方案式营销，实战、实用	有干货、真正操作过的才能写得出来
	变局下的工业品企业7大机遇 叶敦明　著	产业链条的整合机会、盈利模式的复制机会、营销红利的机会、工业服务商转型机会……	工业品企业还可以这样做，思维大突破
	工业品市场部实战全指导 杜　忠　著	工业品市场部经理工作内容全指导	系统、全面、有理论、有方法，帮助工业品市场部经理更快提升专业能力
	工业品营销管理实务 李洪道　著	中国特色工业品营销体系的全面深化、工业品营销管理体系优化升级	工具更实战，案例更鲜活，内容更深化
	工业品企业如何做品牌 张东利　著	为工业品企业提供最全面的品牌建设思路	有策略、有方法、有思路、有工具
	一本书读懂工业4.0 丁兴良　编著	没有枯燥的理论和说教，用朴实直白的语言告诉你工业4.0的全貌	工业4.0是什么？本书告诉你答案

续表

金融	**交易心理分析** (美)马克·道格拉斯　著 刘真如　译	作者一语道破赢家的思考方式，并提供了具体的训练方法	不愧是投资心理的第一书，绝对经典
	精品银行管理之道 崔海鹏　何　屹　主编	中小银行转型的实战经验总结	中小银行的教材很多，实战类的书很少，可以看看
	支付战争 Eric M. Jackson　著 徐　彬　王　晓　译	PayPal创业期营销官，亲身讲述PayPal从诞生到壮大到成功出售的整个历史	激烈、有趣的内幕商战故事！了解美国支付市场的风云巨变
房地产	**产业园区/产业地产规划、招商、运营实战** 阎立忠　著	目前中国第一本系统解读产业园区和产业地产建设运营的实战宝典	从认知、策划、招商到运营全面了解地产策划
	人文商业地产策划 戴欣明　著	城市与商业地产战略定位的关键是不可复制性，要发现独一无二的“味道”	突破千城一面的策划困局

经营类：企业如何赚钱，如何抓机会，如何突破，如何“开源”

	书名．作者	内容/特色	读者价值
抓方向	**让经营回归简单．升级版** 宋新宇　著	化繁为简抓住经营本质：战略、客户、产品、员工、成长	经典，做企业就这几个关键点！
	企业由小到大要过哪些坎 卢　强　著	老板手里的一张“企业成长路线图”	现在我在哪儿，未来还要走哪些路，都清楚了
	企业二次创业成功路线图 夏惊鸣　著	企业曾经抓住机会成功了，但下一步该怎么办？	企业怎样获得第二次成功，心里有个大框架了
	老板经理人双赢之道 陈　明　著	经理人怎养选平台、怎么开局，老板怎样选/育/用/留	老板生闷气，经理人牢骚大，这次知道该怎么办了
	简单思考：AMT咨询创始人自述 孔祥云　著	著名咨询公司（AMT）的CEO创业历程中点点滴滴的经验与思考	每一位咨询人，每一位创业者和管理经营者，都值得一读
	企业文化的逻辑 王祥伍　黄健江　著	为什么企业绩效如此不同，解开绩效背后的文化密码	少有的深刻，有品质，读起来很流畅
	使命驱动企业成长 高可为　著	钱能让一个人今天努力，使命能让一群人长期努力	对于想做事业的人，‘使命’是绕不过去的
思维突破	**移动互联新玩法：未来商业的格局和趋势** 史贤龙　著	传统商业、电商、移动互联，三个世界并存，这种新格局的玩法一定要懂	看清热点的本质，把握行业先机，一本书搞定移动互联网
	画出公司的互联网进化路线图：用互联网思维重塑产品、客户和价值 李　蓓　著	18个问题帮助企业一步步梳理出互联网转型思路	思路清晰、案例丰富，非常有启发性
	重生战略：移动互联网和大数据时代的转型法则 沈　拓　著	在移动互联网和大数据时代，传统企业转型如同生命体打算与再造，称之为“重生战略”	帮助企业认清移动互联网环境下的变化和应对之道
	创造增量市场：传统企业互联网转型之道 刘红明　著	传统企业需要用互联网思维去创造增量，而不是用电子商务去转移传统业务的存量	教你怎么在“互联网＋”的海洋中创造实实在在的增量
	7个转变，让公司3年胜出 李　蓓　著	消费者主权时代，企业该怎么办	这就是互联网思维，老板有能这样想，肯定倒不了
	跳出同质思维，从跟随到领先 郭　剑　著	66个精彩案例剖析，帮助老板突破行业长期思维惯性	做企业竟然有这么多玩法，开眼界
	麻烦就是需求　难题就是商机 卢根鑫　著	如何借助客户的眼睛发现商机	什么是真商机，怎么判断、怎么抓，有借鉴

续表

管理类:效率如何提升,如何实现经营目标,如何“节流”			
	书名.作者	内容/特色	读者价值
通用管理	1. 让管理回归简单.升级版 2. 让经营回归简单.升级版 3. 让用人回归简单 宋新宇　著	宋博士的“简单”三部曲,影响20万读者,非常经典	被读者热情地称作“中小企业的管理圣经”
通用管理	边干边学做老板 黄中强　著	创业20多年的老板,有经验、能写、又愿意分享,这样的书很少	处处共鸣,帮助中小企业老板少走弯路
通用管理	阿米巴经营的中国模式 李志华　著	让员工从“要我干”到“我要干”,价值量化出来	阿米巴在企业如何落地,明白思路了
通用管理	欧博心法:好管理靠修行 曾　伟　著	用佛家的智慧,深刻剖析管理问题,见解独到	如果真的有‘中国式管理’,曾老师是其中标志性人物
流程管理	1. 用流程解放管理者 2. 用流程解放管理者2 张国祥　著	中小企业阅读的流程管理、企业规范化的书	通俗易懂,理论和实践的结合恰到好处
流程管理	跟我们学建流程体系 陈立云　著	畅销书《跟我们学做流程管理》系列,更实操,更细致,更深入	更多地分享实践,分享感悟,从实践总结出来的方法论
战略落地	公司大了怎么管:从靠英雄到靠组织 AMT金国华　著	第一次详尽阐释中国快速成长型企业的特点、问题及解决之道	帮助快速成长型企业领导及管理团队理清思路,突破瓶颈
战略落地	低效会议怎么改:每年节省一半会议成本的秘密 AMT王玉荣　著	教你如何系统规划公司的各级会议,一本工具书	教会你科学管理会议的办法
战略落地	年初订计划,年尾有结果:战略落地七步成诗 AMT郭晓　著	7个步骤教会你怎么让公司制定的战略转变为行动	系统规划,有效指导计划实现
企业案例·老板传记	宗:一位制造业企业家的思考 杨　涛　著	1993年创业,引领企业平稳发展20多年,分享独到的心得体会	难得的一本老板分享经验的书
企业案例·老板传记	简单思考:AMT咨询创始人自述 孔祥云　著	著名咨询公司(AMT)的CEO创业历程中点点滴滴的经验与思考	每一位咨询人,每一位创业者和管理经营者,都值得一读
企业案例·老板传记	六个核桃凭什么:从0到150亿 张学军　著	首部全面揭秘养元六个核桃裂变式成长的巨著	学习优秀企业的成长路径,了解其背后的理论体系
企业案例·老板传记	三四线城市超市如何快速成长:解密甘雨亭 IBMG国际商业管理集团　著	国内外标杆企业的经验+本土实践量化数据+操作步骤、方法	通俗易懂,行业经验丰富,宝贵的行业量化数据,关键思路和步骤
企业案例·老板传记	中国首家未来超市:解密安徽乐城 IBMG国际商业管理集团　著	本书深入挖掘了安徽乐城超市的试验案例,为零售企业未来的发展提供了一条可借鉴之路	通俗易懂,行业经验丰富,宝贵的行业量化数据,关键思路和步骤
人力资源	回归本源看绩效 孙　波　著	让绩效回顾“改进工具”的本源,真正为企业所用	确实是来源于实践的思考,有共鸣
人力资源	曹子祥教你做绩效管理 曹子祥　著	复杂的理论通俗化,专业的知识简单化,企业绩效管理共性问题的解决方案	轻松掌握绩效管理
人力资源	把招聘做到极致 远　鸣　著	作为世界500强高级招聘经理,作者数十年招聘经验的总结分享	带来职场思考境界的提升和具体招聘方法的学习
人力资源	人才评价中心.超级漫画版 邢　雷　著	专业的主题,漫画的形式,只此一本	没想到一本专业的书,能写成这效果

续表

人力资源	**走出薪酬管理误区** 全怀周　著	剖析薪酬管理的8大误区，真正发挥好枢纽作用	值得企业深读的实用教案
	集团化人力资源管理实践 李小勇　著	对搭建集团化的企业很有帮助，务实，实用	最大的亮点不是理论，而是结合实际的深入剖析
	我的人力资源咨询笔记 张　伟　著	管理咨询师的视角，思考企业的HR管理	通过咨询师的眼睛对比很多企业，有启发
	本土化人力资源管理8大思维 周　剑　著	成熟HR理论，在本土中小企业实践中的探索和思考	对企业的现实困境有真切体会，有启发
	HRBP是这样炼成的之“菜鸟起飞” 新　海　著	以小说的形式，具体解析HRBP的职责，应该如何操作，如何为业务服务	实践者的经验分享，内容实务具体，形式有趣
企业文化	**华夏基石方法：企业文化落地本土实践** 王祥伍　谭俊峰　著	十年积累、原创方法、一线资料，和盘托出	在文化落地方面真正有洞察，有实操价值的书
	企业文化的逻辑 王祥伍　著	为什么企业之间如此不同，解开绩效背后的文化密码	少有的深刻，有品质，读起来很流畅
	企业文化激活沟通 宋杼宸　安　琪　著	透过新任HR总经理的眼睛，揭示出沟通与企业文化的关系	有实际指导作用的文化落地读本
	在组织中绽放自我：从专业化到职业化 朱仁健　王祥伍　著	个人如何融入组织，组织如何助力个人成长	帮助企业员工快速认同并投入到组织中去，为企业发展贡献力量
生产管理	**高员工流失率下的精益生产** 余伟辉　著	中国的精益生产必须面对和解决高员工流失率问题	确实来源于本土的工厂车间，很务实
	车间人员管理那些事儿 岑立聪　著	车间人员管理中处理各种“疑难杂症”的经验和方法	基层车间管理者最闹心、头疼的事，‘打包’解决
	1. **欧博心法：好管理靠修行** 2. **欧博心法：好工厂这样管** 曾　伟　著	他是本土最大的制造业管理咨询机构创始人，他从400多个项目、上万家企业实践中锤炼出的欧博心法	中小制造型企业，一定会有很强的共鸣
	欧博工厂案例1：生产计划管控对话录 **欧博工厂案例2：品质技术改善对话录** **欧博工厂案例3：员工执行力提升对话录** 曾　伟　著	最典型的问题、最详尽的解析，工厂管理9大问题27个经典案例	没想到说得这么细，超出想象，案例很典型，照搬都可以了
	苦中得乐：管理者的第一堂必修课 曾　伟　编著	曾伟与师傅大愿法师的对话，佛学与管理实践的碰撞，管理禅的修行之道	用佛学最高智慧看透管理
	比日本工厂更高效1：管理提升无极限 刘承元　著	指出制造型企业管理的六大积弊；颠覆流行的错误认知；掌握精益管理的精髓	每一个企业都有自己不同的问题，管理没有一剑封喉的秘笈，要从现场、现物、现实出发
	比日本工厂更高效2：超强经营力 刘承元　著	企业要获得持续盈利，就要开源和节流，即实现销售最大化，费用最小化	掌握提升工厂效率的全新方法
	比日本工厂更高效3：精益改善力的成功实践 刘承元　著	工厂全面改善系统有其独特的目的取向特征，着眼于企业经营体质（持续竞争力）的建设与提升	用持续改善力来飞速提升工厂的效率，高效率能够带来意想不到的高效益

续表

员工素质提升	**跟老板"偷师"学创业** 吴江萍　余晓雷　著	边学边干，边观察边成长，你也可以当老板	不同于其他类型的创业书，让你在工作中积累创业经验，一举成功
	销售轨迹：一位快消品营销总监的拼搏之路 秦国伟　著	本书讲述了一个普通销售员打拼成为跨国企业营销总监的真实奋斗历程	激励人心，给广大销售员以力量和鼓舞
	在组织中绽放自我：从专业化到职业化 朱仁健　王祥伍　著	个人如何融入组织，组织如何助力个人成长	帮助企业员工快速认同并投入到组织中去，为企业发展贡献力量
	企业员工弟子规：用心做小事，成就大事业 贾同领　著	从传统文化《弟子规》中学习企业中为人处事的办法，从自身做起	点滴小事，修养自身，从自身的改善得到事业的提升

营销类：把客户需求融入企业各环节，提供"客户认为"有价值的东西

	书名．作者	内容/特色	读者价值
营销模式	**变局下的营销模式升级** 程绍珊　叶　宁　著	客户驱动模式、技术驱动模式、资源驱动模式	很多行业的营销模式被颠覆，调整的思路有了！
	卖轮子 科克斯【美】	小说版的营销学！营销理念巧妙贯穿其中，贵在既有趣，又有深度	经典、有趣！一个故事读懂营销精髓
	弱势品牌如何做营销 李政权　著	中小企业虽有品牌但没名气，营销照样能做的有声有色	没有丰富的实操经验，写不出这么具体、详实的案例和步骤，很有启发
	老板如何管营销 史贤龙　著	高段位营销16招，好学好用	老板能看，营销人也能看
	动销：产品是如何畅销起来的 吴江萍　余晓雷　著	真真切切告诉你，产品究竟怎么才能卖出去	击中痛点，提供方法，你值得拥有
组织和团队	**升级你的营销组织** 程绍珊　吴越舟　著	用"有机性"的营销组织替代"营销能人"，营销团队变成"铁营盘"	营销队伍最难管，程老师不愧是营销第1操盘手，步骤方法都很成熟
	用数字解放营销人 黄润霖　著	通过量化帮助营销人员提高工作效率	作者很用心，很好的常备工具书
	成为优秀的快消品区域经理 伯建新　著	37个"怎么办"分析区域经理的工作关键点	可以作为区域经理的'速成催化器'
	一位销售经理的工作心得 蒋　军　著	一线营销管理人员想提升业绩却无从下手时，可以看看这本书	一线的真实感悟
	快消品营销：一位销售经理的工作心得2 蒋　军　著	快消品、食品饮料营销的经验之谈，重点突出	来源于实战的精华总结
	销售轨迹：一位快消品营销总监的拼搏之路 秦国伟　著	本书讲述了一个普通销售员打拼成为跨国企业营销总监的真实奋斗历程	激励人心，给广大销售员以力量和鼓舞
	用营销计划锁定胜局：用数字解放营销人2 黄润霖　著	全方位教你怎么做好营销计划，好学好用真简单	照搬套用就行，做营销计划再也不头痛
	快消品营销人的第一本书：从入门到精通 刘　雷　伯建新　著	快消行业必读书，从入门到专业	深入细致，易学易懂
营销案例	**解决方案营销实战案例** 刘祖轲　著	用10个真案例讲明白什么是工业品的解决方案式营销，实战、实用	有干货、真正操作过的才能写得出来
	招招见销量的营销常识 刘文新　著	如何让每一个营销动作都直指销量	适合中小企业，看了就能用

续表

营销案例	**我们的营销真案例** 联纵智达研究院　著	五芳斋粽子从区域到全国/诺贝尔瓷砖门店销量提升/利豪家具出口转内销/汤臣倍健的营销模式	选择的案例都很有代表性，实在、实操！
	中国营销战实录：令人拍案叫绝的营销真案例 联纵智达　著	51 个案例，42 家企业，38 万字，18 年，累计 2000 余人次参与……	最真实的营销案例，全是一线记录，开阔眼界
	双剑破局：沈坤营销策划案例集 沈　坤　著	双剑公司多年来的精选案例解析集，阐述了项目策划中每一个营销策略的诞生过程，策划角度和方法	一线真实案例，与众不同的策划角度令人拍案叫绝、受益匪浅
产品	**产品炼金术Ⅰ：如何打造畅销产品** 史贤龙　著	满足不同阶段、不同体量、不同行业企业对产品的完整需求	必须具备的思维和方法，避免在产品问题上走弯路
	产品炼金术Ⅱ：如何用产品驱动企业成长 史贤龙　著	做好产品、关注产品的品质，就是企业成功的第一步	必须具备的思维和方法，避免在产品问题上走弯路
	新产品开发管理，就用 IPD 郭富才　著	10 年 IPD 研发管理咨询总结，国内首部 IPD 专业著作	一本书掌握 IPD 管理精髓
品牌	**中小企业如何建品牌** 梁小平　著	中小企业建品牌的入门读本，通俗、易懂	对建品牌有了一个整体框架
	采纳方法：破解本土营销 8 大难题 朱玉童　编著	全面、系统、案例丰富、图文并茂	希望在品牌营销方面有所突破的人，应该看看
	中国品牌营销十三战法 朱玉童　编著	采纳 20 年来的品牌策划方法，同时配有大量的案例	众包方式写作，丰富案例给人启发，极具价值
渠道通路	**快消品营销与渠道管理** 谭长春　著	将快消品标杆企业渠道管理的经验和方法分享出来	可口可乐、华润的一些具体的渠道管理经验，实战
	传统行业如何用网络拿订单 张　进　著	给老板看的第一本网络营销书	适合不懂网络技术的经营决策者看
	采纳方法：化解渠道冲突 朱玉童　编著	系统剖析渠道冲突，21 个渠道冲突案例、情景式讲解，37 篇讲义	系统、全面
	学话术　卖产品 张小虎　著	分析常见的顾客异议，将优秀的话术模块化	让普通导购员也能成为销售精英
	销售：如何与客户高层打交道 贺兵一　著	一套完整有效的销售策略	有工具，有方法，有案例，通俗易懂
	通路精耕操作全解：快消品 20 年实战精华 周　俊　陈小龙　著	通路精耕的详细全解，每一步的具体操作方法和表单全部无保留提供	康师傅二十年的经验和精华，实践证明的最有效方法，教你如何主宰通路

思想·文化：把客户需求融入企业各环节，提供"客户认为"有价值的东西

	书名．作者	内容/特色	读者价值
思想·文化	**史幼波中庸讲记（上下册）** 史幼波　著述	全面、深入浅出地揭示儒家中庸文化的真谛	儒释道三家思想融汇贯通
	史幼波心经讲记（上下册） 史幼波　著述	句句精讲，句句透彻，佛法经典的多角度阐释	通俗易懂，将深刻的教理以浅显的语言讲出来
	史幼波大学讲记 史幼波　著述	用儒释道的观点阐释大学的深刻思想	一本书读懂传统文化经典